Delicias Veganas

Recetas Sustentables para una Vida Saludable

María Sánchez

Tabla de contenido

Espárragos a la plancha con pimientos verdes y calabaza 12

Calabacín asado simple y cebolla morada 14

Granos Sencillos A La Parrilla Y Portobello 15

Berenjenas y calabacines marinados a la plancha 16

Pimientos asados y broccolini 17

Coliflor a la plancha y coles de Bruselas 18

Maíz asado y champiñones crimini 19

Berenjena, calabacín y maíz a la plancha 21

Calabacín y piña a la plancha 22

Portobello y espárragos a la parrilla 23

Receta fácil de verduras asadas 24

Berenjenas japonesas a la plancha y setas shitake 25

Berenjena japonesa a la parrilla y broccolini 26

Coliflor a la plancha y coles de Bruselas 27

Receta japonesa a la parrilla y coliflor con glaseado balsámico 28

Receta fácil de verduras asadas 29

Berenjena A La Parrilla Y Pimiento Verde 30

Espárragos Portobello a la parrilla y judías verdes con vinagreta de sidra de manzana 31

Frijoles asados y champiñones portobello 33

Coles de Bruselas y judías verdes 34

Calabacín y cebolla en aderezo ranch 35

Judías verdes asadas y piña en vinagreta balsámica 36

Brócolini y berenjena a la parrilla 38

Brócolini a la parrilla y pimientos verdes 39

Calabacines y zanahorias a la plancha 40

Hongos Portobello Asados en Vinagreta de Sidra de Manzana 41

Zanahorias asadas con coles de Bruselas 42

Receta de chirivías y calabacines a la parrilla 43

Nabo a la plancha en vinagreta oriental 44

Zanahoria, nabo y portobello asados con glaseado balsámico 45

Calabacines y mangos a la plancha 46

Maíz tierno asado y judías verdes 47

Corazones de alcachofa a la plancha y coles de Bruselas 48

Broccolini con pimentón a la parrilla y coles de Bruselas con glaseado de sidra de manzana y miel 49

Receta de pimientos variados a la parrilla con floretes de broccolini 50

Berenjenas a la plancha, calabacines con varios pimientos 52

Portobello asado y cebolla morada 53

Maíz asado y cebolla morada 54

Coles de Bruselas a la parrilla, coliflor y espárragos 55

Portobello de berenjena y calabacín a la plancha y espárragos 56

Receta de pimientos verdes asados, brócolini y espárragos 57

Champiñones Portobello y Calabacín a la parrilla 58

Espárragos asados, piña y judías verdes 59
Judías verdes y berenjenas asadas 60
Espárragos y broccolini a la parrilla 61
Coliflor a la plancha y coles de Bruselas 62
Brócoli y floretes de broccolini a la parrilla 63
Calabacín asado, cebollas rojas, floretes de broccolini y espárragos
.... 64
Judías verdes asadas, espárragos, floretes de broccolini y piña 67
Frijoles edamame asados 68
Quimbombó, calabacín y cebolla morada a la parrilla 69
Chirivías y calabacines a la parrilla 70
Chirivías y okra a la parrilla 71
Brócoli a la parrilla, chirivías, okra y espárragos 72
Nabos y pimientos a la plancha 73
Coliflor y broccolini a la parrilla 74
Nabo y piña a la plancha 75
Chirivías y calabacines a la parrilla 76
Remolachas asadas, cebollas moradas y chirivías 77
Zanahorias, chirivías y broccolini asados 78
Floretes de espárragos y broccolini a la parrilla 79
Coliflor asada y maíz tierno 80
Corazones de alcachofa a la parrilla y floretes de broccolini 81
Zanahorias baby y berenjenas asadas 82
Zanahorias y calabacines baby a la parrilla 83

Maíz asado, maíz tierno y espárragos 84
Zanahorias baby a la plancha y corazones de alcachofa 85
Judías verdes de piña asadas y corazones de alcachofa 86
Brócolini a la parrilla y zanahorias baby.. 88
Floretes de coliflor y maíz tierno a la parrilla fáciles 89
Zanahorias y pimientos baby asados... 90
Maíz tierno a la plancha, corazones de alcachofa y berenjenas 91
Zanahorias baby asadas y cebollas moradas..................................... 92
Espárragos broccolini a la parrilla y champiñones portobello 93
Corazones de alcachofa a la plancha... 94
Zanahorias baby y champiñones a la parrilla................................... 95
Corazones de alcachofa y espárragos a la plancha........................... 96
Calabacín asado.. 97
Berenjena asada con glaseado balsámico... 98
Lechuga romana a la parrilla y tomates 99
Calabacines y pimientos asados 101
Berenjena asada y cebolla morada 103
Espárragos A La Parrilla Coles De Bruselas Floretes De Broccolini
.... 105
Calabacines asados en glaseado de sidra de manzana y miel 107
Corazones de alcachofa y calabacín a la plancha y cebolla morada
.... 109
Floretes de calabacín y broccolini a la parrilla 111
Ensalada de alcaparras y corazones de alcachofa 114

Ensalada de verduras mixtas con maíz tierno y corazones de alcachofa 115

Lechuga romana con aderezo de tomatillo 116

Ensalada griega de lechuga romana y tomate 118

Ensalada de ciruelas, tomates y pepinos 120

Ensalada de champiñones y pepino Enoki 121

Ensalada de tomate y calabacín 122

Tomatillos con ensalada de pepino 123

Ensalada de ciruela, tomate y cebolla 124

Ensalada de calabacín y tomate 125

Ensalada de tomate tradicional 126

Ensalada de champiñones enoki 127

Ensalada de corazones de alcachofa y ciruelas y tomates 128

Ensalada de maíz tierno y tomates pera 129

Ensalada mixta de tomates y verdes 130

Ensalada de lechuga romana y ciruelas y tomates 131

Ensalada de escarola y setas enoki 133

Ensalada de alcachofas y tomates 134

Ensalada de col rizada y tomate tradicional 135

Ensalada de espinacas y tomatillo 136

Ensalada de mezclum y champiñones Enoki 137

Ensalada de lechuga romana y pepino 138

Ensalada de col rizada, espinacas y calabacín 139

Ensalada de alcachofas, col rizada y champiñones Enoki Sala 140

Ensalada de escarola y alcachofas 141
Ensalada de escarola y calabacín 143
Ensalada de mezclum y lechuga romana 144
Ensalada de verduras mixtas y tomatillo 145
Lechuga romana y escarola 146
Ensalada de alcachofas y col rizada 147
Ensalada de col rizada y espinacas 148
Ensalada de zanahoria, ciruela y tomate 149
Ensalada de maíz y tomate ciruela 150
Ensalada mixta de zanahorias verdes y baby 151
Ensalada de lechuga romana y maíz tierno 152
Ensalada de maíz tierno y escarola 153
Ensalada de coliflor y tomatillo 155
Ensalada de brócoli y tomatillo 156
Ensalada de espinacas y coliflor 157
Ensalada de col rizada y brócoli 158
Ensalada de col rizada, espinacas y brócoli 159
Ensalada de alcachofas, col rizada y brócoli 160
Ensalada de maíz tierno y escarola 161
Ensalada mixta de zanahorias verdes y baby 162
Ensalada de tomatillo y maíz tierno 163
Ensalada de enoki y maíz tierno 165
Ensalada de tomate tradicional, escarola y alcachofas 166
Ensalada de col rizada, ciruela, tomate y cebolla 167

Ensalada de espinacas, ciruelas, tomate y cebolla 168
Ensalada de berros y calabacines 169
Ensalada de mango, tomate y pepino 170
Ensalada de melocotón, tomate y cebolla 171
Tomatillo de uvas negras y cebolla blanca 172
Ensalada de tomate con uvas rojas y sala de calabacín 173
Ensalada de lombarda, ciruela, tomate y cebolla 174
Ensalada de col napa, ciruela, tomate y pepino 175
Ensalada de col roja y napa 176
Ensalada de uvas negras y rojas 177
Ensalada de mango, melocotón y pepino 178
Ensalada De Berros, Champiñones Enoki Y Calabacín 179
Ensalada de col rizada, espinacas y pepino 181
Ensalada de col rizada, tomate y calabacín 182
Ensalada de espinacas, ciruelas, tomate y pepino 183
Ensalada de berros, tomatillo y pepino 184
Ensalada tradicional de mangos, tomates y pepinos 185
Ensalada de melocotones y tomates 186
Ensalada de tomate con uvas negras y ciruelas 187
Ensalada de uvas rojas y calabacín 188
Ensalada de lombarda y tomatillo 189
Ensalada De Pepino, Champiñones Enoki Y Col De Napa Cu 190
Ensalada de piña, tomate y pepino 191
Ensalada de manzana, ciruela, tomate y pepino 192

Ensalada de tomates cherry y cebolla 193

Ensalada de pepino y tomate 194

Ensalada de tomatillo y maíz 195

Ensalada de alcachofas y pepinos 197

Ensalada de maíz, lombarda y alcachofas 198

Encurtidos de uvas y ensalada de maíz 199

Ensalada de melocotón, cereza y uva negra 200

Ensalada de piña, mango y manzana 201

Ensalada fuente de col rizada y espinacas 202

Ensalada de berros, piña y mango 203

Ensalada de tomate, manzana y melocotón 204

Ensalada de col lombarda, maíz y champiñones Enoki 205

Ensalada de tomatillos y manzana 206

Encurtidos de tomate y ensalada de uvas 208

Ensalada de lombarda, alcachofas y pepino 209

Ensalada de piña, mango, manzana y pepino 210

Ensalada De Alcachofas, Repollo Napa Y Pepino 211

Ensalada de tomate, repollo y zanahoria 212

Ensalada de col napa, zanahoria y pepino 213

Ensalada de coliflor y tomate a la plancha 214

Ensalada de col rizada y judías verdes a la parrilla 216

Ensalada de judías verdes asadas y coliflor 218

Espárragos a la plancha con pimientos verdes y calabaza

Ingredientes para la marinada

1/4 taza de aceite de oliva virgen extra

2 cucharadas de miel

4 cucharaditas de vinagre balsámico

1 cucharadita de orégano seco

1 cucharadita de ajo en polvo

1/8 cucharadita de granos de pimienta arcoiris

sal marina

Ingredientes herbarios

1 libra de espárragos frescos, recortados

3 zanahorias pequeñas, cortadas por la mitad a lo largo

1 pimiento verde dulce grande, cortado en tiras de 1 pulgada

1 calabaza de verano amarilla mediana, cortada en rodajas de 1/2 pulgada

1 cebolla amarilla mediana, cortada en gajos

Combine los ingredientes de la marinada.

Combine las 3 cucharadas de marinada y las verduras en una bolsa.

Deje marinar durante 1 1/2 horas a temperatura ambiente o toda la noche en el refrigerador.

Ase las verduras a fuego medio durante 8 a 12 minutos o hasta que estén tiernas.

Espolvorea el resto de la marinada encima.

Calabacín asado simple y cebolla morada

Ingredientes

2 calabacines grandes, cortados a lo largo en rodajas de ½ pulgada

2 cebollas moradas grandes, cortadas en aros de ½ pulgada, pero no las separe en aros individuales

2 CUCHARADAS. Aceite de oliva virgen extra

2 CUCHARADAS. Mezcla de aderezo ranchero

Unte ligeramente cada lado de las verduras con aceite de oliva.

Sazone con la mezcla de aderezo ranch.

Ase a fuego medio durante 4 minutos o hasta que estén tiernos.

Granos Sencillos A La Parrilla Y Portobello

Ingredientes

2 mazorcas de maíz grandes, cortadas a lo largo

5 piezas de Portobello, enjuagadas y escurridas

Ingredientes para la marinada:

6 cucharadas Aceite de oliva virgen extra

Sal marina al gusto

3 cucharadas. vinagre blanco destilado

1 cucharadita. mostaza de Dijon

Marina las verduras con los ingredientes del aderezo o marinada durante 15 a 30 minutos.

Ase a fuego medio durante 4 minutos o hasta que las verduras estén tiernas.

Berenjenas y calabacines marinados a la plancha

Ingredientes

2 berenjenas grandes, cortadas a lo largo y por la mitad

2 calabacines grandes, cortados a lo largo y partidos por la mitad

Ingredientes para la marinada:

6 cucharadas Aceite de oliva virgen extra

Sal marina al gusto

3 cucharadas. vinagre blanco destilado

1 cucharadita. mostaza de Dijon

Marina las verduras con los ingredientes del aderezo o marinada durante 15 a 30 minutos.

Ase a fuego medio durante 4 minutos o hasta que las verduras estén tiernas.

Pimientos asados y broccolini

Ingredientes

2 pimientos verdes, cortados por la mitad

10 floretes de broccolini

Ingredientes para la marinada:

6 cucharadas Aceite de oliva virgen extra

Sal marina al gusto

3 cucharadas. vinagre blanco destilado

1 cucharadita. mostaza de Dijon

Marina las verduras con los ingredientes del aderezo o marinada durante 15 a 30 minutos.

Ase a fuego medio durante 4 minutos o hasta que las verduras estén tiernas.

Coliflor a la plancha y coles de Bruselas

Ingredientes

10 floretes de coliflor

10 piezas de coles de Bruselas

Ingredientes para la marinada:

6 cucharadas Aceite de oliva virgen extra

Sal marina al gusto

3 cucharadas. vinagre blanco destilado

1 cucharadita. mostaza de Dijon

Marina las verduras con los ingredientes del aderezo o marinada durante 15 a 30 minutos.

Ase a fuego medio durante 4 minutos o hasta que las verduras estén tiernas.

Maíz asado y champiñones crimini

Ingredientes

2 callos, cortados a lo largo

10 champiñones crimini, enjuagados y escurridos

Ingredientes para la marinada:

6 cucharadas Aceite de oliva virgen extra

Sal marina al gusto

3 cucharadas. vinagre blanco destilado

1 cucharadita. mostaza de Dijon

Marina las verduras con los ingredientes del aderezo o marinada durante 15 a 30 minutos.

Ase a fuego medio durante 4 minutos o hasta que las verduras estén tiernas.

Berenjena, calabacín y maíz a la plancha

Ingredientes

2 berenjenas grandes, cortadas a lo largo y por la mitad

2 calabacines grandes, cortados a lo largo y partidos por la mitad

2 callos, cortados a lo largo

Ingredientes para la marinada:

6 cucharadas Aceite de oliva virgen extra

Sal marina al gusto

3 cucharadas. vinagre blanco destilado

1 cucharadita. mostaza de Dijon

Marina las verduras con los ingredientes del aderezo o marinada durante 15 a 30 minutos.

Ase a fuego medio durante 4 minutos o hasta que las verduras estén tiernas.

Calabacín y piña a la plancha

Ingredientes

2 calabacines grandes, cortados a lo largo en rodajas de ½ pulgada

2 cebollas moradas grandes, cortadas en aros de ½ pulgada, pero no las separe en aros individuales

1 piña mediana, cortada en rodajas de 1/2 pulgada

10 judías verdes

Ingredientes para la marinada:

6 cucharadas Aceite de oliva virgen extra

Sal marina al gusto

3 cucharadas. vinagre blanco destilado

1 cucharadita. mostaza de Dijon

Marina las verduras con los ingredientes del aderezo o marinada durante 15 a 30 minutos.

Ase a fuego medio durante 4 minutos o hasta que las verduras estén tiernas.

Portobello y espárragos a la parrilla

Ingredientes

3 piezas de Portobello, enjuagadas y escurridas

2 piezas de berenjena, cortadas a lo largo y partidas por la mitad

2 trozos de calabacín, cortados a lo largo y partidos por la mitad

6 piezas de espárragos

Ingredientes para la marinada:

6 cucharadas Aceite de oliva virgen extra

Sal marina al gusto

3 cucharadas. vinagre blanco destilado

1 cucharadita. mostaza de Dijon

Marina las verduras con los ingredientes del aderezo o marinada durante 15 a 30 minutos.

Ase a fuego medio durante 4 minutos o hasta que las verduras estén tiernas.

Receta fácil de verduras asadas

Ingredientes

3 piezas de Portobello, enjuagadas y escurridas

2 piezas de berenjena, cortadas a lo largo y partidas por la mitad

2 trozos de calabacín, cortados a lo largo y partidos por la mitad

6 piezas de espárragos

Ingredientes del aderezo

6 cucharadas Aceite de oliva virgen extra

Sal marina al gusto

3 cucharadas. Vinagre de sidra de manzana

1 CUCHARADA. Miel

1 cucharadita. mayonesa sin huevo

Marina las verduras con los ingredientes del aderezo o marinada durante 15 a 30 minutos.

Ase a fuego medio durante 4 minutos o hasta que las verduras estén tiernas.

Berenjenas japonesas a la plancha y setas shitake

Ingredientes

Callos, cortados a lo largo

2 piezas de berenjena japonesa, cortada a lo largo y partida por la mitad

Hongo shitake, enjuagado y escurrido

Ingredientes del aderezo

6 cucharadas aceite de oliva

Sal marina al gusto

3 cucharadas. vinagre de vino blanco

1 cucharadita. mayonesa sin huevo

Marina las verduras con los ingredientes del aderezo o marinada durante 15 a 30 minutos.

Ase a fuego medio durante 4 minutos o hasta que las verduras estén tiernas.

Berenjena japonesa a la parrilla y broccolini

Ingredientes

2 pimientos verdes, cortados por la mitad

10 floretes de broccolini

2 piezas de berenjena japonesa, cortada a lo largo y partida por la mitad

Ingredientes del aderezo

6 cucharadas aceite de sésamo

Sal marina al gusto

3 cucharadas. vinagre blanco destilado

1 cucharadita. mayonesa sin huevo

Marina las verduras con los ingredientes del aderezo o marinada durante 15 a 30 minutos.

Ase a fuego medio durante 4 minutos o hasta que las verduras estén tiernas.

Coliflor a la plancha y coles de Bruselas

Ingredientes

10 floretes de coliflor

10 piezas de coles de Bruselas

Ingredientes del aderezo

6 cucharadas aceite de sésamo

Sal marina al gusto

3 cucharadas. vinagre blanco destilado

1 cucharadita. mayonesa sin huevo

Marina las verduras con los ingredientes del aderezo o marinada durante 15 a 30 minutos.

Ase a fuego medio durante 4 minutos o hasta que las verduras estén tiernas.

Receta japonesa a la parrilla y coliflor con glaseado balsámico

Ingredientes

2 pimientos verdes, cortados por la mitad a lo largo

10 floretes de coliflor

2 piezas de berenjena japonesa, cortada a lo largo y partida por la mitad

Ingredientes del aderezo

6 cucharadas Aceite de oliva virgen extra

Sal marina al gusto

3 cucharadas. vinagre balsámico

1 cucharadita. mostaza de Dijon

Marina las verduras con los ingredientes del aderezo o marinada durante 15 a 30 minutos.

Ase a fuego medio durante 4 minutos o hasta que las verduras estén tiernas.

Receta fácil de verduras asadas

Ingredientes

2 berenjenas grandes, cortadas a lo largo y por la mitad

1 calabacín grande, cortado a lo largo y partido por la mitad

5 floretes de brócoli

Ingredientes para la marinada:

6 cucharadas Aceite de oliva virgen extra

Sal marina al gusto

3 cucharadas. vinagre blanco destilado

1 cucharadita. mostaza de Dijon

Marina las verduras con los ingredientes del aderezo o marinada durante 15 a 30 minutos.

Ase a fuego medio durante 4 minutos o hasta que las verduras estén tiernas.

Berenjena A La Parrilla Y Pimiento Verde

Ingredientes

2 pimientos verdes, cortados por la mitad

10 floretes de broccolini

2 piezas de berenjena, cortadas a lo largo y partidas por la mitad

Ingredientes del aderezo

6 cucharadas aceite de oliva

Sal marina al gusto

3 cucharadas. vinagre de vino blanco

1 cucharadita. Mostaza inglesa

Marina las verduras con los ingredientes del aderezo o marinada durante 15 a 30 minutos.

Ase a fuego medio durante 4 minutos o hasta que las verduras estén tiernas.

Espárragos Portobello a la parrilla y judías verdes con vinagreta de sidra de manzana

Ingredientes

3 piezas de Portobello, enjuagadas y escurridas

2 piezas de berenjena, cortadas a lo largo y partidas por la mitad

2 trozos de calabacín, cortados a lo largo y partidos por la mitad

6 piezas de espárragos

1 piña mediana, cortada en rodajas de 1/2 pulgada

10 judías verdes

Ingredientes del aderezo

6 cucharadas Aceite de oliva virgen extra

Sal marina al gusto

3 cucharadas. Vinagre de sidra de manzana

1 CUCHARADA. Miel

1 cucharadita. mayonesa sin huevo

Marina las verduras con los ingredientes del aderezo o marinada durante 15 a 30 minutos.

Ase a fuego medio durante 4 minutos o hasta que las verduras estén tiernas.

Frijoles asados y champiñones portobello

Ingredientes

Callos, cortados a lo largo

5 champiñones portobello, enjuagados y escurridos

10 judías verdes

Ingredientes del aderezo

6 cucharadas aceite de oliva

Sal marina al gusto

3 cucharadas. vinagre de vino blanco

1 cucharadita. mayonesa sin huevo

Marina las verduras con los ingredientes del aderezo o marinada durante 15 a 30 minutos.

Ase a fuego medio durante 4 minutos o hasta que las verduras estén tiernas.

Coles de Bruselas y judías verdes

Ingredientes

10 floretes de coliflor

10 piezas de coles de Bruselas

10 judías verdes

Ingredientes del aderezo

6 cucharadas aceite de oliva

Sal marina al gusto

3 cucharadas. vinagre de vino blanco

1 cucharadita. mayonesa sin huevo

Marina las verduras con los ingredientes del aderezo o marinada durante 15 a 30 minutos.

Ase a fuego medio durante 4 minutos o hasta que las verduras estén tiernas.

Calabacín y cebolla en aderezo ranch

Ingredientes

2 calabacines grandes, cortados a lo largo en rodajas de ½ pulgada

2 cebollas moradas grandes, cortadas en aros de ½ pulgada, pero no las separe en aros individuales

2 CUCHARADAS. Aceite de oliva virgen extra

2 CUCHARADAS. Mezcla de aderezo ranchero

Marina las verduras con los ingredientes del aderezo o marinada durante 15 a 30 minutos.

Ase a fuego medio durante 4 minutos o hasta que las verduras estén tiernas.

Judías verdes asadas y piña en vinagreta balsámica

Ingredientes

1 piña mediana, cortada en rodajas de 1/2 pulgada

10 judías verdes

Ingredientes del aderezo

6 cucharadas Aceite de oliva virgen extra

Sal marina al gusto

3 cucharadas. vinagre balsámico

1 cucharadita. mostaza de Dijon

Marina las verduras con los ingredientes del aderezo o marinada durante 15 a 30 minutos.

Ase a fuego medio durante 4 minutos o hasta que las verduras estén tiernas.

Brócolini y berenjena a la parrilla

Ingredientes

1 berenjena grande, cortada a lo largo y partida por la mitad

1 calabacín grande, cortado a lo largo y partido por la mitad

10 judías verdes

10 floretes de broccolini

Ingredientes para la marinada:

6 cucharadas Aceite de oliva virgen extra

Sal marina al gusto

3 cucharadas. vinagre blanco destilado

1 cucharadita. mostaza de Dijon

Marina las verduras con los ingredientes del aderezo o marinada durante 15 a 30 minutos.

Ase a fuego medio durante 4 minutos o hasta que las verduras estén tiernas.

Brócolini a la parrilla y pimientos verdes

Ingredientes

2 pimientos verdes, cortados por la mitad

8 floretes de broccolini

Ingredientes del aderezo

6 cucharadas aceite de sésamo

Sal marina al gusto

3 cucharadas. vinagre blanco destilado

1 cucharadita. mayonesa sin huevo

Marina las verduras con los ingredientes del aderezo o marinada durante 15 a 30 minutos.

Ase a fuego medio durante 4 minutos o hasta que las verduras estén tiernas.

Calabacines y zanahorias a la plancha

Ingredientes

2 calabacines grandes, cortados a lo largo en rodajas de ½ pulgada

1 cebolla morada grande, cortada en aros de ½ pulgada, pero sin separarla en aros individuales

1 zanahoria grande, pelada y cortada a lo largo

Ingredientes del aderezo

6 cucharadas aceite de oliva

Sal marina al gusto

3 cucharadas. vinagre de vino blanco

1 cucharadita. Mostaza inglesa

Marina las verduras con los ingredientes del aderezo o marinada durante 15 a 30 minutos.

Ase a fuego medio durante 4 minutos o hasta que las verduras estén tiernas.

Hongos Portobello Asados en Vinagreta de Sidra de Manzana

Ingredientes

Callos, cortados a lo largo

5 champiñones portobello, enjuagados y escurridos

Ingredientes del aderezo

6 cucharadas Aceite de oliva virgen extra

Sal marina al gusto

3 cucharadas. Vinagre de sidra de manzana

1 CUCHARADA. Miel

1 cucharadita. mayonesa sin huevo

Marina las verduras con los ingredientes del aderezo o marinada durante 15 a 30 minutos.

Ase a fuego medio durante 4 minutos o hasta que las verduras estén tiernas.

Zanahorias asadas con coles de Bruselas

Ingredientes

10 floretes de coliflor

10 piezas de coles de Bruselas

1 zanahoria grande, pelada y cortada a lo largo

Ingredientes del aderezo

6 cucharadas aceite de oliva

Sal marina al gusto

3 cucharadas. vinagre de vino blanco

1 cucharadita. mayonesa sin huevo

Marina las verduras con los ingredientes del aderezo o marinada durante 15 a 30 minutos.

Ase a fuego medio durante 4 minutos o hasta que las verduras estén tiernas.

Receta de chirivías y calabacines a la parrilla

Ingredientes

1 chirivía grande, pelada y cortada en rodajas a lo largo

1 calabacín grande, cortado a lo largo en rodajas de ½ pulgada

2 cebollas moradas grandes, cortadas en aros de ½ pulgada, pero no las separe en aros individuales

Ingredientes para la marinada:

6 cucharadas Aceite de oliva virgen extra

Sal marina al gusto

3 cucharadas. vinagre blanco destilado

1 cucharadita. mostaza de Dijon

Marina las verduras con los ingredientes del aderezo o marinada durante 15 a 30 minutos.

Ase a fuego medio durante 4 minutos o hasta que las verduras estén tiernas.

Nabo a la plancha en vinagreta oriental

Ingredientes

1 nabo grande, pelado y cortado a lo largo

2 pimientos verdes, cortados por la mitad

10 floretes de broccolini

Ingredientes del aderezo

6 cucharadas aceite de sésamo

Sal marina al gusto

3 cucharadas. vinagre blanco destilado

1 cucharadita. mayonesa sin huevo

Marina las verduras con los ingredientes del aderezo o marinada durante 15 a 30 minutos.

Ase a fuego medio durante 4 minutos o hasta que las verduras estén tiernas.

Zanahoria, nabo y portobello asados con glaseado balsámico

Ingredientes

1 zanahoria grande, pelada y cortada a lo largo

1 nabo grande, pelado y cortado a lo largo

1 maíz, cortado a lo largo

2 champiñones portobello, enjuagados y escurridos

Ingredientes del aderezo

6 cucharadas Aceite de oliva virgen extra

Sal marina al gusto

3 cucharadas. vinagre balsámico

1 cucharadita. mostaza de Dijon

Marina las verduras con los ingredientes del aderezo o marinada durante 15 a 30 minutos.

Ase a fuego medio durante 4 minutos o hasta que las verduras estén tiernas.

Calabacines y mangos a la plancha

Ingredientes

2 calabacines grandes, cortados a lo largo y partidos por la mitad

2 mangos grandes, cortados a lo largo y sin hueso

Ingredientes del aderezo

6 cucharadas aceite de sésamo

Sal marina al gusto

3 cucharadas. vinagre blanco destilado

1 cucharadita. mayonesa sin huevo

Marina las verduras con los ingredientes del aderezo o marinada durante 15 a 30 minutos.

Ase a fuego medio durante 4 minutos o hasta que las verduras estén tiernas.

Asa el mango solo hasta que veas marcas marrones.

Maíz tierno asado y judías verdes

Ingredientes

½ taza de maíz tierno

1 piña mediana, cortada en rodajas de 1/2 pulgada

10 judías verdes

2 cebollas moradas grandes, cortadas en aros de ½ pulgada, pero no las separe en aros individuales

Ingredientes del aderezo

6 cucharadas aceite de oliva

Sal marina al gusto

3 cucharadas. vinagre de vino blanco

1 cucharadita. Mostaza inglesa

Marina las verduras con los ingredientes del aderezo o marinada durante 15 a 30 minutos.

Ase a fuego medio durante 4 minutos o hasta que las verduras estén tiernas.

Corazones de alcachofa a la plancha y coles de Bruselas

Ingredientes

½ taza de corazones de alcachofa enlatados

5 floretes de brócoli

10 piezas de coles de Bruselas

Ingredientes del aderezo

6 cucharadas aceite de oliva

Sal marina al gusto

3 cucharadas. vinagre de vino blanco

1 cucharadita. mayonesa sin huevo

Marina las verduras con los ingredientes del aderezo o marinada durante 15 a 30 minutos.

Ase a fuego medio durante 4 minutos o hasta que las verduras estén tiernas.

Broccolini con pimentón a la parrilla y coles de Bruselas con glaseado de sidra de manzana y miel

Ingredientes

10 floretes de broccolini

½ taza de corazones de alcachofa enlatados

10 coles de Bruselas

Ingredientes del aderezo

6 cucharadas Aceite de oliva virgen extra

Sal marina al gusto

3 cucharadas. Vinagre de sidra de manzana

1 CUCHARADA. Miel

1 cucharadita. mayonesa sin huevo

Marina las verduras con los ingredientes del aderezo o marinada durante 15 a 30 minutos.

Ase a fuego medio durante 4 minutos o hasta que las verduras estén tiernas.

Receta de pimientos variados a la parrilla con floretes de broccolini

Ingredientes

1 pimiento verde, cortado a la mitad

1 pimiento amarillo, cortado a la mitad

1 pimiento rojo, cortado a la mitad

10 floretes de broccolini

Ingredientes para la marinada:

6 cucharadas Aceite de oliva virgen extra

Sal marina al gusto

3 cucharadas. vinagre blanco destilado

1 cucharadita. mostaza de Dijon

Marina las verduras con los ingredientes del aderezo o marinada durante 15 a 30 minutos.

Ase a fuego medio durante 4 minutos o hasta que las verduras estén tiernas.

Berenjenas a la plancha, calabacines con varios pimientos

Ingredientes

1 berenjena pequeña, cortada a lo largo y partida por la mitad

1 calabacín pequeño, cortado a lo largo y partido por la mitad

1 pimiento verde, cortado a la mitad

1 pimiento amarillo, cortado a la mitad

1 pimiento rojo, cortado a la mitad

Ingredientes del aderezo

6 cucharadas aceite de sésamo

Sal marina al gusto

3 cucharadas. vinagre blanco destilado

1 cucharadita. mayonesa sin huevo

Marina las verduras con los ingredientes del aderezo o marinada durante 15 a 30 minutos.

Ase a fuego medio durante 4 minutos o hasta que las verduras estén tiernas.

Portobello asado y cebolla morada

Ingredientes

1 maíz, cortado a lo largo

5 champiñones portobello, enjuagados y escurridos

1 cebolla morada mediana, cortada en aros de ½ pulgada, pero sin separarla en aros individuales

Ingredientes del aderezo

6 cucharadas Aceite de oliva virgen extra

Sal marina al gusto

3 cucharadas. vinagre balsámico

1 cucharadita. mostaza de Dijon

Marina las verduras con los ingredientes del aderezo o marinada durante 15 a 30 minutos.

Ase a fuego medio durante 4 minutos o hasta que las verduras estén tiernas.

Maíz asado y cebolla morada

Ingredientes

2 calabacines grandes, cortados a lo largo en rodajas de ½ pulgada

2 cebollas moradas grandes, cortadas en aros de ½ pulgada, pero no las separe en aros individuales

1 maíz, cortado a lo largo

Ingredientes del aderezo

6 cucharadas aceite de sésamo

Sal marina al gusto

3 cucharadas. vinagre blanco destilado

1 cucharadita. mayonesa sin huevo

Marina las verduras con los ingredientes del aderezo o marinada durante 15 a 30 minutos.

Ase a fuego medio durante 4 minutos o hasta que las verduras estén tiernas.

Coles de Bruselas a la parrilla, coliflor y espárragos

Ingredientes

10 floretes de coliflor

5 piezas de coles de Bruselas

6 piezas de espárragos

Ingredientes del aderezo

6 cucharadas aceite de oliva

Sal marina al gusto

3 cucharadas. vinagre de vino blanco

1 cucharadita. Mostaza inglesa

Marina las verduras con los ingredientes del aderezo o marinada durante 15 a 30 minutos.

Ase a fuego medio durante 4 minutos o hasta que las verduras estén tiernas.

Portobello de berenjena y calabacín a la plancha y espárragos

Ingredientes

3 piezas de Portobello, enjuagadas y escurridas

2 piezas de berenjena, cortadas a lo largo y partidas por la mitad

2 trozos de calabacín, cortados a lo largo y partidos por la mitad

6 piezas de espárragos

Ingredientes del aderezo

6 cucharadas aceite de sésamo

Sal marina al gusto

3 cucharadas. vinagre blanco destilado

1 cucharadita. mayonesa sin huevo

Marina las verduras con los ingredientes del aderezo o marinada durante 15 a 30 minutos.

Ase a fuego medio durante 4 minutos o hasta que las verduras estén tiernas.

Receta de pimientos verdes asados, brócolini y espárragos

Ingredientes

2 pimientos verdes, cortados por la mitad

5 floretes de broccolini

6 piezas de espárragos

Ingredientes del aderezo

6 cucharadas Aceite de oliva virgen extra

Sal marina al gusto

3 cucharadas. Vinagre de sidra de manzana

1 CUCHARADA. Miel

1 cucharadita. mayonesa sin huevo

Marina las verduras con los ingredientes del aderezo o marinada durante 15 a 30 minutos.

Ase a fuego medio durante 4 minutos o hasta que las verduras estén tiernas.

Champiñones Portobello y Calabacín a la parrilla

Ingredientes

2 calabacines grandes, cortados a lo largo en rodajas de ½ pulgada

2 cebollas moradas grandes, cortadas en aros de ½ pulgada, pero no las separe en aros individuales

2 champiñones portobello, cortados por la mitad

Ingredientes para la marinada:

6 cucharadas Aceite de oliva virgen extra

Sal marina al gusto

3 cucharadas. vinagre blanco destilado

1 cucharadita. mostaza de Dijon

Marina las verduras con los ingredientes del aderezo o marinada durante 15 a 30 minutos.

Ase a fuego medio durante 4 minutos o hasta que las verduras estén tiernas.

Espárragos asados, piña y judías verdes

Ingredientes

10 floretes de broccolini

10 piezas de espárragos

1 piña mediana, cortada en rodajas de 1/2 pulgada

10 judías verdes

Ingredientes del aderezo

6 cucharadas aceite de sésamo

Sal marina al gusto

3 cucharadas. vinagre blanco destilado

1 cucharadita. mayonesa sin huevo

Marina las verduras con los ingredientes del aderezo o marinada durante 15 a 30 minutos.

Ase a fuego medio durante 4 minutos o hasta que las verduras estén tiernas.

Judías verdes y berenjenas asadas

Ingredientes

2 berenjenas grandes, cortadas a lo largo y por la mitad

2 calabacines grandes, cortados a lo largo y partidos por la mitad

10 judías verdes

Ingredientes del aderezo

6 cucharadas Aceite de oliva virgen extra

Sal marina al gusto

3 cucharadas. vinagre balsámico

1 cucharadita. mostaza de Dijon

Marina las verduras con los ingredientes del aderezo o marinada durante 15 a 30 minutos.

Ase a fuego medio durante 4 minutos o hasta que las verduras estén tiernas.

Espárragos y broccolini a la parrilla

Ingredientes

Callos, cortados a lo largo

5 champiñones portobello, enjuagados y escurridos

8 piezas de espárragos

Ingredientes del aderezo

6 cucharadas aceite de sésamo

Sal marina al gusto

3 cucharadas. vinagre blanco destilado

1 cucharadita. mayonesa sin huevo

Marina las verduras con los ingredientes del aderezo o marinada durante 15 a 30 minutos.

Ase a fuego medio durante 4 minutos o hasta que las verduras estén tiernas.

Coliflor a la plancha y coles de Bruselas

Ingredientes

10 floretes de coliflor

10 piezas de coles de Bruselas

10 floretes de broccolini

10 piezas de espárragos

Ingredientes del aderezo

6 cucharadas aceite de oliva

Sal marina al gusto

3 cucharadas. vinagre de vino blanco

1 cucharadita. Mostaza inglesa

Marina las verduras con los ingredientes del aderezo o marinada durante 15 a 30 minutos.

Ase a fuego medio durante 4 minutos o hasta que las verduras estén tiernas.

Brócoli y floretes de broccolini a la parrilla

Ingredientes

2 pimientos verdes, cortados por la mitad

5 floretes de broccolini

5 floretes de brócoli

Ingredientes del aderezo

6 cucharadas aceite de sésamo

Sal marina al gusto

3 cucharadas. vinagre blanco destilado

1 cucharadita. mayonesa sin huevo

Marina las verduras con los ingredientes del aderezo o marinada durante 15 a 30 minutos.

Ase a fuego medio durante 4 minutos o hasta que las verduras estén tiernas.

Calabacín asado, cebollas rojas, floretes de broccolini y espárragos

Ingredientes

2 calabacines grandes, cortados a lo largo en rodajas de ½ pulgada

2 cebollas moradas grandes, cortadas en aros de ½ pulgada, pero no las separe en aros individuales

10 floretes de broccolini

10 piezas de espárragos

Ingredientes del aderezo

6 cucharadas Aceite de oliva virgen extra

Sal marina al gusto

3 cucharadas. Vinagre de sidra de manzana

1 CUCHARADA. Miel

1 cucharadita. mayonesa sin huevo

Marina las verduras con los ingredientes del aderezo o marinada durante 15 a 30 minutos.

Ase a fuego medio durante 4 minutos o hasta que las verduras estén tiernas.

Judías verdes asadas, espárragos, floretes de broccolini y piña

Ingredientes

10 floretes de broccolini

10 piezas de espárragos

1 piña mediana, cortada en rodajas de 1/2 pulgada

10 judías verdes

Ingredientes para la marinada:

6 cucharadas Aceite de oliva virgen extra

Sal marina al gusto

3 cucharadas. vinagre blanco destilado

1 cucharadita. mostaza de Dijon

Marina las verduras con los ingredientes del aderezo o marinada durante 15 a 30 minutos.

Ase a fuego medio durante 4 minutos o hasta que las verduras estén tiernas.

Frijoles edamame asados

Ingredientes

10 frijoles edamame

10 floretes de coliflor

10 piezas de coles de Bruselas

Ingredientes del aderezo

6 cucharadas aceite de oliva

Sal marina al gusto

3 cucharadas. vinagre de vino blanco

1 cucharadita. mayonesa sin huevo

Marina las verduras con los ingredientes del aderezo o marinada durante 15 a 30 minutos.

Ase a fuego medio durante 4 minutos o hasta que las verduras estén tiernas.

Quimbombó, calabacín y cebolla morada a la parrilla

Ingredientes

5 piezas de okra

2 calabacines grandes, cortados a lo largo en rodajas de ½ pulgada

2 cebollas moradas grandes, cortadas en aros de ½ pulgada, pero no las separe en aros individuales

Ingredientes del aderezo

6 cucharadas Aceite de oliva virgen extra

Sal marina al gusto

3 cucharadas. vinagre balsámico

1 cucharadita. mostaza de Dijon

Marina las verduras con los ingredientes del aderezo o marinada durante 15 a 30 minutos.

Ase a fuego medio durante 4 minutos o hasta que las verduras estén tiernas.

Chirivías y calabacines a la parrilla

Ingredientes

1 chirivía grande, cortada a lo largo

2 calabacines grandes, cortados a lo largo en rodajas de ½ pulgada

2 cebollas moradas grandes, cortadas en aros de ½ pulgada, pero no las separe en aros individuales

2 CUCHARADAS. Aceite de oliva virgen extra

2 CUCHARADAS. Mezcla de aderezo ranchero

Marina las verduras con los ingredientes del aderezo o marinada durante 15 a 30 minutos.

Ase a fuego medio durante 4 minutos o hasta que las verduras estén tiernas.

Chirivías y okra a la parrilla

Ingredientes

1 chirivía grande, cortada a lo largo

5 piezas de okra

2 berenjenas grandes, cortadas a lo largo y por la mitad

2 calabacines grandes, cortados a lo largo y partidos por la mitad

Ingredientes del aderezo

6 cucharadas aceite de oliva

Sal marina al gusto

3 cucharadas. vinagre de vino blanco

1 cucharadita. Mostaza inglesa

Marina las verduras con los ingredientes del aderezo o marinada durante 15 a 30 minutos.

Ase a fuego medio durante 4 minutos o hasta que las verduras estén tiernas.

Brócoli a la parrilla, chirivías, okra y espárragos

Ingredientes

5 floretes de broccolini

1 chirivía grande, cortada a lo largo

5 piezas de okra

3 piezas de espárragos

Callos, cortados a lo largo

2 champiñones portobello, enjuagados y escurridos

Ingredientes para la marinada:

6 cucharadas Aceite de oliva virgen extra

Sal marina al gusto

3 cucharadas. vinagre blanco destilado

1 cucharadita. mostaza de Dijon

Marina las verduras con los ingredientes del aderezo o marinada durante 15 a 30 minutos.

Ase a fuego medio durante 4 minutos o hasta que las verduras estén tiernas.

Nabos y pimientos a la plancha

Ingredientes

1 nabo grande, cortado a lo largo

2 pimientos verdes, cortados por la mitad

10 floretes de broccolini

Ingredientes del aderezo

6 cucharadas Aceite de oliva virgen extra

Sal marina al gusto

3 cucharadas. Vinagre de sidra de manzana

1 CUCHARADA. Miel

1 cucharadita. mayonesa sin huevo

Marina las verduras con los ingredientes del aderezo o marinada durante 15 a 30 minutos.

Ase a fuego medio durante 4 minutos o hasta que las verduras estén tiernas.

Coliflor y broccolini a la parrilla

Ingredientes

10 floretes de coliflor

10 piezas de coles de Bruselas

10 floretes de broccolini

10 piezas de espárragos

Ingredientes del aderezo

6 cucharadas aceite de sésamo

Sal marina al gusto

3 cucharadas. vinagre blanco destilado

1 cucharadita. mayonesa sin huevo

Marina las verduras con los ingredientes del aderezo o marinada durante 15 a 30 minutos.

Ase a fuego medio durante 4 minutos o hasta que las verduras estén tiernas.

Nabo y piña a la plancha

Ingredientes

1 nabo grande, cortado a lo largo

1 piña mediana, cortada en rodajas de 1/2 pulgada

10 judías verdes

Ingredientes del aderezo

6 cucharadas aceite de sésamo

Sal marina al gusto

3 cucharadas. vinagre blanco destilado

1 cucharadita. mayonesa sin huevo

Marina las verduras con los ingredientes del aderezo o marinada durante 15 a 30 minutos.

Ase a fuego medio durante 4 minutos o hasta que las verduras estén tiernas.

Chirivías y calabacines a la parrilla

Ingredientes

1 chirivía grande, cortada a lo largo

2 calabacines grandes, cortados a lo largo en rodajas de ½ pulgada

2 cebollas moradas grandes, cortadas en aros de ½ pulgada, pero no las separe en aros individuales

Ingredientes del aderezo

6 cucharadas aceite de oliva

Sal marina al gusto

3 cucharadas. vinagre de vino blanco

1 cucharadita. mayonesa sin huevo

Marina las verduras con los ingredientes del aderezo o marinada durante 15 a 30 minutos.

Ase a fuego medio durante 4 minutos o hasta que las verduras estén tiernas.

Remolachas asadas, cebollas moradas y chirivías

Ingredientes

1 nabo grande, cortado a lo largo

1 chirivía grande, cortada a lo largo

1 calabacín grande, cortado a lo largo en rodajas de ½ pulgada

2 cebollas moradas pequeñas, cortadas en aros de ½ pulgada, pero no las separe en aros individuales

Ingredientes del aderezo

6 cucharadas Aceite de oliva virgen extra

Sal marina al gusto

3 cucharadas. vinagre balsámico

1 cucharadita. mostaza de Dijon

Marina las verduras con los ingredientes del aderezo o marinada durante 15 a 30 minutos.

Ase a fuego medio durante 4 minutos o hasta que las verduras estén tiernas.

Zanahorias, chirivías y broccolini asados

Ingredientes

1 zanahoria grande, cortada a lo largo

1 chirivía grande, cortada a lo largo

10 floretes de broccolini

10 piezas de espárragos

10 judías verdes

Ingredientes del aderezo

6 cucharadas aceite de oliva

Sal marina al gusto

3 cucharadas. vinagre de vino blanco

1 cucharadita. Mostaza inglesa

Marina las verduras con los ingredientes del aderezo o marinada durante 15 a 30 minutos.

Ase a fuego medio durante 4 minutos o hasta que las verduras estén tiernas.

Floretes de espárragos y broccolini a la parrilla

Ingredientes

10 floretes de broccolini

10 piezas de espárragos

Callos, cortados a lo largo

5 champiñones portobello, enjuagados y escurridos

Ingredientes para la marinada:

6 cucharadas Aceite de oliva virgen extra

Sal marina al gusto

3 cucharadas. vinagre blanco destilado

1 cucharadita. mostaza de Dijon

Marina las verduras con los ingredientes del aderezo o marinada durante 15 a 30 minutos.

Ase a fuego medio durante 4 minutos o hasta que las verduras estén tiernas.

Coliflor asada y maíz tierno

Ingredientes

10 floretes de coliflor

½ taza de maíz tierno enlatado

10 piezas de coles de Bruselas

Ingredientes del aderezo

6 cucharadas Aceite de oliva virgen extra

Sal marina al gusto

3 cucharadas. Vinagre de sidra de manzana

1 CUCHARADA. Miel

1 cucharadita. mayonesa sin huevo

Marina las verduras con los ingredientes del aderezo o marinada durante 15 a 30 minutos.

Ase a fuego medio durante 4 minutos o hasta que las verduras estén tiernas.

Corazones de alcachofa a la parrilla y floretes de broccolini

Ingredientes

½ taza de corazones de alcachofa enlatados

10 floretes de broccolini

Ingredientes del aderezo

6 cucharadas aceite de sésamo

Sal marina al gusto

3 cucharadas. vinagre blanco destilado

1 cucharadita. mayonesa sin huevo

Marina las verduras con los ingredientes del aderezo o marinada durante 15 a 30 minutos.

Ase a fuego medio durante 4 minutos o hasta que las verduras estén tiernas.

Zanahorias baby y berenjenas asadas

Ingredientes

5 piezas de zanahorias baby

2 berenjenas grandes, cortadas a lo largo y por la mitad

2 calabacines grandes, cortados a lo largo y partidos por la mitad

Ingredientes del aderezo

6 cucharadas aceite de sésamo

Sal marina al gusto

3 cucharadas. vinagre blanco destilado

1 cucharadita. mayonesa sin huevo

Marina las verduras con los ingredientes del aderezo o marinada durante 15 a 30 minutos.

Ase a fuego medio durante 4 minutos o hasta que las verduras estén tiernas.

Zanahorias y calabacines baby a la parrilla

Ingredientes

7 piezas de zanahorias baby

2 calabacines grandes, cortados a lo largo en rodajas de ½ pulgada

2 cebollas moradas grandes, cortadas en aros de ½ pulgada, pero no las separe en aros individuales

Ingredientes del aderezo

6 cucharadas aceite de oliva

Sal marina al gusto

3 cucharadas. vinagre de vino blanco

1 cucharadita. mayonesa sin huevo

Marina las verduras con los ingredientes del aderezo o marinada durante 15 a 30 minutos.

Ase a fuego medio durante 4 minutos o hasta que las verduras estén tiernas.

Maíz asado, maíz tierno y espárragos

Ingredientes

10 callos tiernos

10 piezas de espárragos

Callos, cortados a lo largo

Ingredientes del aderezo

6 cucharadas Aceite de oliva virgen extra

Sal marina al gusto

3 cucharadas. vinagre balsámico

1 cucharadita. mostaza de Dijon

Marina las verduras con los ingredientes del aderezo o marinada durante 15 a 30 minutos.

Ase a fuego medio durante 4 minutos o hasta que las verduras estén tiernas.

Zanahorias baby a la plancha y corazones de alcachofa

Ingredientes

1 taza de corazones de alcachofa enlatados

2 calabacines grandes, cortados a lo largo en rodajas de ½ pulgada

8 piezas de zanahorias baby

Ingredientes del aderezo

6 cucharadas aceite de oliva

Sal marina al gusto

3 cucharadas. vinagre de vino blanco

1 cucharadita. Mostaza inglesa

Marina las verduras con los ingredientes del aderezo o marinada durante 15 a 30 minutos.

Ase a fuego medio durante 4 minutos o hasta que las verduras estén tiernas.

Judías verdes de piña asadas y corazones de alcachofa

Ingredientes

1 piña mediana, cortada en rodajas de 1/2 pulgada

10 judías verdes

1 taza de corazones de alcachofa enlatados

Ingredientes para la marinada:

6 cucharadas Aceite de oliva virgen extra

Sal marina al gusto

3 cucharadas. vinagre blanco destilado

1 cucharadita. mostaza de Dijon

Marina las verduras con los ingredientes del aderezo o marinada durante 15 a 30 minutos.

Ase a fuego medio durante 4 minutos o hasta que las verduras estén tiernas.

Brócolini a la parrilla y zanahorias baby

Ingredientes

10 floretes de broccolini

10 piezas de zanahorias baby

2 calabacines grandes, cortados a lo largo en rodajas de ½ pulgada

2 cebollas moradas grandes, cortadas en aros de ½ pulgada, pero no las separe en aros individuales

Ingredientes del aderezo

6 cucharadas aceite de oliva

Sal marina al gusto

3 cucharadas. vinagre de vino blanco

1 cucharadita. mayonesa sin huevo

Marina las verduras con los ingredientes del aderezo o marinada durante 15 a 30 minutos.

Ase a fuego medio durante 4 minutos o hasta que las verduras estén tiernas.

Floretes de coliflor y maíz tierno a la parrilla fáciles

Ingredientes

10 mazorcas de maíz

10 floretes de coliflor

10 piezas de coles de Bruselas

Ingredientes del aderezo

6 cucharadas Aceite de oliva virgen extra

Sal marina al gusto

3 cucharadas. Vinagre de sidra de manzana

1 CUCHARADA. Miel

1 cucharadita. mayonesa sin huevo

Marina las verduras con los ingredientes del aderezo o marinada durante 15 a 30 minutos.

Ase a fuego medio durante 4 minutos o hasta que las verduras estén tiernas.

Zanahorias y pimientos baby asados

Ingredientes

8 piezas de zanahorias baby

2 pimientos verdes, cortados por la mitad

10 floretes de broccolini

Ingredientes del aderezo

6 cucharadas aceite de sésamo

Sal marina al gusto

3 cucharadas. vinagre blanco destilado

1 cucharadita. mayonesa sin huevo

Marina las verduras con los ingredientes del aderezo o marinada durante 15 a 30 minutos.

Ase a fuego medio durante 4 minutos o hasta que las verduras estén tiernas.

Maíz tierno a la plancha, corazones de alcachofa y berenjenas

Ingredientes

½ taza de maíz tierno enlatado

½ taza de corazones de alcachofa enlatados

2 berenjenas grandes, cortadas a lo largo y por la mitad

Ingredientes del aderezo

6 cucharadas aceite de oliva

Sal marina al gusto

3 cucharadas. vinagre de vino blanco

1 cucharadita. mayonesa sin huevo

Marina las verduras con los ingredientes del aderezo o marinada durante 15 a 30 minutos.

Ase a fuego medio durante 4 minutos o hasta que las verduras estén tiernas.

Zanahorias baby asadas y cebollas moradas

Ingredientes

½ taza de zanahorias pequeñas

2 calabacines grandes, cortados a lo largo en rodajas de ½ pulgada

2 cebollas moradas grandes, cortadas en aros de ½ pulgada, pero no las separe en aros individuales

Ingredientes del aderezo

6 cucharadas Aceite de oliva virgen extra

Sal marina al gusto

3 cucharadas. vinagre balsámico

1 cucharadita. mostaza de Dijon

Marina las verduras con los ingredientes del aderezo o marinada durante 15 a 30 minutos.

Ase a fuego medio durante 4 minutos o hasta que las verduras estén tiernas.

Espárragos broccolini a la parrilla y champiñones portobello

Ingredientes

10 floretes de broccolini

10 piezas de espárragos

Callos, cortados a lo largo

5 champiñones portobello, enjuagados y escurridos

Ingredientes del aderezo

6 cucharadas aceite de sésamo

Sal marina al gusto

3 cucharadas. vinagre blanco destilado

1 cucharadita. mayonesa sin huevo

Marina las verduras con los ingredientes del aderezo o marinada durante 15 a 30 minutos.

Ase a fuego medio durante 4 minutos o hasta que las verduras estén tiernas.

Corazones de alcachofa a la plancha

Ingredientes

1 taza de corazones de alcachofa enlatados

2 cebollas moradas grandes, cortadas en aros de ½ pulgada, pero no las separe en aros individuales

Ingredientes del aderezo

6 cucharadas aceite de oliva

Sal marina al gusto

3 cucharadas. vinagre de vino blanco

1 cucharadita. Mostaza inglesa

Marina las verduras con los ingredientes del aderezo o marinada durante 15 a 30 minutos.

Ase a fuego medio durante 4 minutos o hasta que las verduras estén tiernas.

Zanahorias baby y champiñones a la parrilla

Ingredientes

10 piezas de zanahorias baby

1 taza de champiñones enlatados

Ingredientes del aderezo

6 cucharadas aceite de oliva

Sal marina al gusto

3 cucharadas. vinagre de vino blanco

1 cucharadita. mayonesa sin huevo

Marina las verduras con los ingredientes del aderezo o marinada durante 15 a 30 minutos.

Ase a fuego medio durante 4 minutos o hasta que las verduras estén tiernas.

Corazones de alcachofa y espárragos a la plancha

Ingredientes

½ taza de corazones de alcachofa enlatados

10 floretes de broccolini

10 piezas de espárragos

Ingredientes del aderezo

6 cucharadas Aceite de oliva virgen extra

Sal marina al gusto

3 cucharadas. Vinagre de sidra de manzana

1 CUCHARADA. Miel

1 cucharadita. mayonesa sin huevo

Marina las verduras con los ingredientes del aderezo o marinada durante 15 a 30 minutos.

Ase a fuego medio durante 4 minutos o hasta que las verduras estén tiernas.

Calabacín asado

Ingredientes

2 calabacines grandes, cortados a lo largo en rodajas de ½ pulgada

Ingredientes del aderezo

6 cucharadas aceite de oliva

Sal marina al gusto

3 cucharadas. vinagre de vino blanco

1 cucharadita. mayonesa sin huevo

Marina las verduras con los ingredientes del aderezo o marinada durante 15 a 30 minutos.

Ase a fuego medio durante 4 minutos o hasta que las verduras estén tiernas.

Berenjena asada con glaseado balsámico

Ingredientes

2 berenjenas grandes, cortadas a lo largo y por la mitad

Ingredientes del aderezo

6 cucharadas Aceite de oliva virgen extra

Sal marina al gusto

3 cucharadas. vinagre balsámico

1 cucharadita. mostaza de Dijon

Marina las verduras con los ingredientes del aderezo o marinada durante 15 a 30 minutos.

Ase a fuego medio durante 4 minutos o hasta que las verduras estén tiernas.

Lechuga romana a la parrilla y tomates

Ingredientes

10 floretes de broccolini

10 piezas de coles de Bruselas

10 piezas de espárragos

1 manojo de hojas de lechuga romana

2 zanahorias medianas, cortadas a lo largo y partidas por la mitad

4 tomates grandes, en rodajas gruesas

Ingredientes del aderezo:

6 cucharadas Aceite de oliva virgen extra

1 cucharadita. Cebolla en polvo

Sal marina al gusto

3 cucharadas. vinagre blanco destilado

1 cucharadita. mostaza de Dijon

Mezcle bien todos los ingredientes del aderezo.

Precalienta tu parrilla a fuego lento y engrasa las rejillas.

Coloque la parrilla de verduras en capas durante 12 minutos por lado, hasta que esté tierna.

Unte con los ingredientes de la marinada/aderezo.

Calabacines y pimientos asados

Ingredientes

1 libra de calabacín, cortado a lo largo en palitos más cortos

1 libra de pimiento verde, cortado en tiras anchas

1 cebolla morada grande, cortada en rodajas de 1/2 pulgada de grosor

1/3 taza de perejil o albahaca italiana, finamente picada

Ingredientes del aderezo

6 cucharadas aceite de oliva

1 cucharadita. Polvo de ajo

1 cucharadita. Cebolla en polvo

Sal marina al gusto

3 cucharadas. vinagre de vino blanco

1 cucharadita. Mostaza inglesa

Mezcle bien todos los ingredientes del aderezo.

Precalienta tu parrilla a fuego lento y engrasa las rejillas.

Coloque la parrilla de verduras en capas durante 12 minutos por lado, hasta que esté tierna.

Unte con los ingredientes de la marinada/aderezo.

Berenjena asada y cebolla morada

Ingredientes

1 libra de berenjena, cortada a lo largo en palitos más cortos

1 libra de pimiento verde, cortado en tiras anchas

1 cebolla morada grande, cortada en rodajas de 1/2 pulgada de grosor

1/3 taza de perejil o albahaca italiana, finamente picada

Ingredientes del aderezo:

6 cucharadas Aceite de oliva virgen extra

1 cucharadita. Cebolla en polvo

Sal marina al gusto

3 cucharadas. vinagre blanco destilado

1 cucharadita. mostaza de Dijon

Mezcle bien todos los ingredientes del aderezo.

Precalienta tu parrilla a fuego lento y engrasa las rejillas.

Coloque la parrilla de verduras en capas durante 12 minutos por lado, hasta que esté tierna.

Unte con los ingredientes de la marinada/aderezo.

Espárragos A La Parrilla Coles De Bruselas Floretes De Broccolini

Ingredientes

10 piezas de espárragos

1 manojo de hojas de lechuga romana

10 floretes de broccolini

10 piezas de coles de Bruselas

2 zanahorias medianas, cortadas a lo largo y partidas por la mitad

4 tomates grandes, en rodajas gruesas

Ingredientes del aderezo

6 cucharadas aceite de oliva

3 chorritos de salsa picante Tabasco

Sal marina al gusto

3 cucharadas. vinagre de vino blanco

1 cucharadita. mayonesa sin huevo

Mezcle bien todos los ingredientes del aderezo.

Precalienta tu parrilla a fuego lento y engrasa las rejillas.

Coloque la parrilla de verduras en capas durante 12 minutos por lado, hasta que esté tierna.

Unte con los ingredientes de la marinada/aderezo.

Calabacines asados en glaseado de sidra de manzana y miel

Ingredientes

1 libra de calabacín, cortado a lo largo en palitos más cortos

1 libra de pimiento verde, cortado en tiras anchas

1 cebolla morada grande, cortada en rodajas de 1/2 pulgada de grosor

1/3 taza de perejil o albahaca italiana, finamente picada

Ingredientes del aderezo

6 cucharadas Aceite de oliva virgen extra

Sal marina al gusto

3 cucharadas. Vinagre de sidra de manzana

1 CUCHARADA. Miel

1 cucharadita. mayonesa sin huevo

Mezcle bien todos los ingredientes del aderezo.

Precalienta tu parrilla a fuego lento y engrasa las rejillas.

Coloque la parrilla de verduras en capas durante 12 minutos por lado, hasta que esté tierna.

Unte con los ingredientes de la marinada/aderezo.

Corazones de alcachofa y calabacín a la plancha y cebolla morada

Ingredientes

1/2 libra de calabacín, cortado a lo largo en palitos más cortos

½ taza de corazones de alcachofa enlatados

1 libra de pimiento verde, cortado en tiras anchas

1 cebolla morada grande, cortada en rodajas de 1/2 pulgada de grosor

1/3 taza de perejil o albahaca italiana, finamente picada

Ingredientes del aderezo

6 cucharadas Aceite de oliva virgen extra

Sal marina al gusto

3 cucharadas. vinagre balsámico

1 cucharadita. mostaza de Dijon

Mezcle bien todos los ingredientes del aderezo.

Precalienta tu parrilla a fuego lento y engrasa las rejillas.

Coloque la parrilla de verduras en capas durante 12 minutos por lado, hasta que esté tierna.

Unte con los ingredientes de la marinada/aderezo.

Floretes de calabacín y broccolini a la parrilla

Ingredientes

1 libra de calabacín, cortado a lo largo en palitos más cortos

1 libra de pimiento verde, cortado en tiras anchas

10 floretes de broccolini

10 piezas de coles de Bruselas

1 cebolla morada grande, cortada en rodajas de 1/2 pulgada de grosor

1/3 taza de perejil o albahaca italiana, finamente picada

Ingredientes del aderezo

6 cucharadas aceite de oliva

1 cucharadita. Polvo de ajo

1 cucharadita. Cebolla en polvo

Sal marina al gusto

3 cucharadas. vinagre de vino blanco

1 cucharadita. Mostaza inglesa

Mezcle bien todos los ingredientes del aderezo.

Precalienta tu parrilla a fuego lento y engrasa las rejillas.

Coloque la parrilla de verduras en capas durante 12 minutos por lado, hasta que esté tierna.

Unte con los ingredientes de la marinada/aderezo.

Ensalada de alcaparras y corazones de alcachofa

Ingredientes:

1 alcachofa, enjuagada, palmeada y picada

½ taza de alcaparras

½ taza de corazones de alcachofa

vendaje

2 CUCHARADAS. vinagre de vino blanco

4 cucharadas de aceite de oliva virgen extra

Pimienta negra recién molida

3/4 taza de almendras finamente molidas

sal marina

Preparación

Mezcle todos los ingredientes del aderezo en un procesador de alimentos.

Combine con los ingredientes restantes y mezcle bien.

Ensalada de verduras mixtas con maíz tierno y corazones de alcachofa

Ingredientes:

1 manojo de mezclum, enjuagado, palmeado y picado

½ taza de maíz tierno enlatado

½ taza de corazones de alcachofa

vendaje

2 CUCHARADAS. vinagre de vino blanco

4 cucharadas de aceite de oliva virgen extra

Pimienta negra recién molida

3/4 taza de maní finamente molido

sal marina

Preparación

Mezcle todos los ingredientes del aderezo en un procesador de alimentos.

Combine con los ingredientes restantes y mezcle bien.

Lechuga romana con aderezo de tomatillo

Ingredientes:

1 cabeza de lechuga romana, rallada

4 tomates grandes, sin semillas y picados

4 rábanos, en rodajas finas

vendaje

6 tomates, enjuagados y cortados por la mitad

1 jalapeño, cortado a la mitad

1 cebolla blanca, en cuartos

2 cucharadas de aceite de oliva virgen extra

Sal kosher y pimienta negra recién molida

1/2 cucharadita de comino molido

1 taza de queso crema sin lácteos

2 cucharadas de jugo de limón fresco

Cocinero asistente

Precalienta el horno a 400 grados F.

Para hacer el aderezo, coloque los tomatillos, el jalapeño y la cebolla en una bandeja para hornear.

Rocíe con aceite de oliva y espolvoree con sal y pimienta.

Hornee en el horno durante 25-30 minutos. hasta que las verduras comiencen a dorarse y a oscurecerse un poco.

Colóquelo en un procesador de alimentos y déjelo enfriar, luego haga puré.

Agrega los ingredientes restantes y deja enfriar durante una hora.

Combine con los ingredientes restantes y mezcle bien.

Ensalada griega de lechuga romana y tomate

Ingredientes:

1 cabeza de lechuga romana, picada

4 tomates maduros enteros, cada uno cortado en 6 gajos y luego cada gajo partido por la mitad

1 pepino mediano entero, pelado, cortado en cuartos a lo largo y cortado en trozos grandes

1/2 cebolla blanca entera, cortada en rodajas muy finas

30 aceitunas verdes enteras deshuesadas, cortadas por la mitad a lo largo, más 6 aceitunas finamente picadas

6 onzas de queso vegano desmenuzado

Hojas de perejil fresco, picadas en trozos grandes

vendaje

1/4 taza de aceite de oliva virgen extra

2 cucharadas de vinagre de vino blanco

1 cucharadita de azúcar o más al gusto

1 diente de ajo, picado

Sal y pimienta negra recién molida

Jugo de ½ limón

sal marina

Preparación

Coloca todos los ingredientes para el aderezo en un procesador de alimentos y mezcla.

Sazone con más sal si es necesario.

Mezclar todos los ingredientes.

Ensalada de ciruelas, tomates y pepinos

Ingredientes:

5 tomates ciruela medianos, cortados por la mitad a lo largo, sin semillas y en rodajas finas

1/4 cebolla blanca, pelada, cortada por la mitad a lo largo y en rodajas finas

1 pepino grande, cortado por la mitad a lo largo y en rodajas finas

vendaje

¼ de taza de aceite de oliva virgen extra

2 chorritos de vinagre de vino blanco

Sal gruesa y pimienta negra

Preparación

Mezclar todos los ingredientes del aderezo.

Combine con los ingredientes restantes y mezcle bien.

Ensalada de champiñones y pepino Enoki

Ingredientes:

15 champiñones enoki, en rodajas finas

1/4 cebolla blanca, pelada, cortada por la mitad a lo largo y en rodajas finas

1 pepino grande, cortado por la mitad a lo largo y en rodajas finas

vendaje

¼ de taza de aceite de oliva virgen extra

2 chorritos de vinagre de vino blanco

Sal gruesa y pimienta negra

Preparación

Mezclar todos los ingredientes del aderezo.

Combine con los ingredientes restantes y mezcle bien.

Ensalada de tomate y calabacín

Ingredientes:

5 tomates medianos, cortados por la mitad a lo largo, sin semillas y en rodajas finas

1/4 cebolla blanca, pelada, cortada por la mitad a lo largo y en rodajas finas

1 calabacín grande, cortado por la mitad a lo largo, cortado en rodajas finas y blanqueado

vendaje

¼ de taza de aceite de oliva virgen extra

2 CUCHARADAS. Vinagre de sidra de manzana

Sal gruesa y pimienta negra

Preparación

Mezclar todos los ingredientes del aderezo.

Combine con los ingredientes restantes y mezcle bien.

Tomatillos con ensalada de pepino

Ingredientes:

10 tomatillos, cortados por la mitad a lo largo, sin semillas y en rodajas finas

1/4 cebolla blanca, pelada, cortada por la mitad a lo largo y en rodajas finas

1 pepino grande, cortado por la mitad a lo largo y en rodajas finas

vendaje

¼ de taza de aceite de oliva virgen extra

2 chorritos de vinagre de vino blanco

Sal gruesa y pimienta negra

Preparación

Mezclar todos los ingredientes del aderezo.

Combine con los ingredientes restantes y mezcle bien.

Ensalada de ciruela, tomate y cebolla

Ingredientes:

5 tomates ciruela medianos, cortados por la mitad a lo largo, sin semillas y en rodajas finas

1/4 cebolla blanca, pelada, cortada por la mitad a lo largo y en rodajas finas

1 pepino grande, cortado por la mitad a lo largo y en rodajas finas

vendaje

¼ de taza de aceite de oliva virgen extra

2 CUCHARADAS. Vinagre de sidra de manzana

Sal gruesa y pimienta negra

Preparación

Mezclar todos los ingredientes del aderezo.

Combine con los ingredientes restantes y mezcle bien.

Ensalada de calabacín y tomate

Ingredientes:

5 tomates medianos, cortados por la mitad a lo largo, sin semillas y en rodajas finas

1/4 cebolla blanca, pelada, cortada por la mitad a lo largo y en rodajas finas

1 calabacín grande, partido por la mitad a lo largo, cortado en rodajas finas y blanqueado

vendaje

¼ de taza de aceite de oliva virgen extra

2 chorritos de vinagre de vino blanco

Sal gruesa y pimienta negra

Preparación

Mezclar todos los ingredientes del aderezo.

Combine con los ingredientes restantes y mezcle bien.

Ensalada de tomate tradicional

Ingredientes:

3 tomates tradicionales, cortados por la mitad a lo largo, sin semillas y en rodajas finas

1/4 cebolla blanca, pelada, cortada por la mitad a lo largo y en rodajas finas

1 pepino grande, cortado por la mitad a lo largo y en rodajas finas

vendaje

¼ de taza de aceite de oliva virgen extra

2 chorritos de vinagre de vino blanco

Sal gruesa y pimienta negra

Preparación

Mezclar todos los ingredientes del aderezo.

Combine con los ingredientes restantes y mezcle bien.

Ensalada de champiñones enoki

Ingredientes:

15 champiñones enoki, en rodajas finas

1/4 cebolla blanca, pelada, cortada por la mitad a lo largo y en rodajas finas

1 pepino grande, cortado por la mitad a lo largo y en rodajas finas

vendaje

¼ de taza de aceite de oliva virgen extra

2 CUCHARADAS. Vinagre de sidra de manzana

Sal gruesa y pimienta negra

Preparación

Mezclar todos los ingredientes del aderezo.

Combine con los ingredientes restantes y mezcle bien.

Ensalada de corazones de alcachofa y ciruelas y tomates

Ingredientes:

6 corazones de alcachofa (enlatados)

5 tomates ciruela medianos, cortados por la mitad a lo largo, sin semillas y en rodajas finas

1/4 cebolla blanca, pelada, cortada por la mitad a lo largo y en rodajas finas

1 pepino grande, cortado por la mitad a lo largo y en rodajas finas

vendaje

¼ de taza de aceite de oliva virgen extra

2 chorritos de vinagre de vino blanco

Sal gruesa y pimienta negra

Preparación

Mezclar todos los ingredientes del aderezo.

Combine con los ingredientes restantes y mezcle bien.

Ensalada de maíz tierno y tomates pera

Ingredientes:
½ taza de maíz tierno enlatado
5 tomates ciruela medianos, cortados por la mitad a lo largo, sin semillas y en rodajas finas
1/4 cebolla blanca, pelada, cortada por la mitad a lo largo y en rodajas finas
1 calabacín grande, partido por la mitad a lo largo, cortado en rodajas finas y blanqueado

vendaje
¼ de taza de aceite de oliva virgen extra
2 chorritos de vinagre de vino blanco
Sal gruesa y pimienta negra

Preparación
Mezclar todos los ingredientes del aderezo.

Combine con los ingredientes restantes y mezcle bien.

Ensalada mixta de tomates y verdes

Ingredientes:
1 manojo de Meslcun, enjuagado y escurrido

5 tomates medianos, cortados por la mitad a lo largo, sin semillas y en rodajas finas

1/4 cebolla blanca, pelada, cortada por la mitad a lo largo y en rodajas finas

1 pepino grande, cortado por la mitad a lo largo y en rodajas finas

vendaje
¼ de taza de aceite de oliva virgen extra

2 CUCHARADAS. Vinagre de sidra de manzana

Sal gruesa y pimienta negra

Preparación
Mezclar todos los ingredientes del aderezo.

Combine con los ingredientes restantes y mezcle bien.

Ensalada de lechuga romana y ciruelas y tomates

Ingredientes:

1 manojo de lechuga romana, enjuagada y escurrida

5 tomates ciruela medianos, cortados por la mitad a lo largo, sin semillas y en rodajas finas

1/4 cebolla blanca, pelada, cortada por la mitad a lo largo y en rodajas finas

1 pepino grande, cortado por la mitad a lo largo y en rodajas finas

vendaje

¼ de taza de aceite de oliva virgen extra

2 chorritos de vinagre de vino blanco

Sal gruesa y pimienta negra

Preparación

Mezclar todos los ingredientes del aderezo.

Combine con los ingredientes restantes y mezcle bien.

Ensalada de escarola y setas enoki

Ingredientes:

1 manojo de escarola, enjuagada y escurrida

15 champiñones enoki, en rodajas finas

1/4 cebolla blanca, pelada, cortada por la mitad a lo largo y en rodajas finas

1 pepino grande, cortado por la mitad a lo largo y en rodajas finas

vendaje

¼ de taza de aceite de oliva virgen extra

2 chorritos de vinagre de vino blanco

Sal gruesa y pimienta negra

Preparación

Mezclar todos los ingredientes del aderezo.

Combine con los ingredientes restantes y mezcle bien.

Ensalada de alcachofas y tomates

Ingredientes:

1 alcachofa, enjuagada y escurrida

5 tomates medianos, cortados por la mitad a lo largo, sin semillas y en rodajas finas

1/4 cebolla blanca, pelada, cortada por la mitad a lo largo y en rodajas finas

1 calabacín grande, partido por la mitad a lo largo, cortado en rodajas finas y blanqueado

vendaje

¼ de taza de aceite de oliva virgen extra

2 chorritos de vinagre de vino blanco

Sal gruesa y pimienta negra

Preparación

Mezclar todos los ingredientes del aderezo.

Combine con los ingredientes restantes y mezcle bien.

Ensalada de col rizada y tomate tradicional

Ingredientes:

1 manojo de col rizada, enjuagada y escurrida

3 tomates tradicionales, cortados por la mitad a lo largo, sin semillas y en rodajas finas

1/4 cebolla blanca, pelada, cortada por la mitad a lo largo y en rodajas finas

1 pepino grande, cortado por la mitad a lo largo y en rodajas finas

vendaje

¼ de taza de aceite de oliva virgen extra

2 CUCHARADAS. Vinagre de sidra de manzana

Sal gruesa y pimienta negra

Preparación

Mezclar todos los ingredientes del aderezo.

Combine con los ingredientes restantes y mezcle bien.

Ensalada de espinacas y tomatillo

Ingredientes:

1 manojo de espinacas, lavadas y escurridas

10 tomatillos, cortados por la mitad a lo largo, sin semillas y en rodajas finas

1/4 cebolla blanca, pelada, cortada por la mitad a lo largo y en rodajas finas

1 pepino grande, cortado por la mitad a lo largo y en rodajas finas

vendaje

¼ de taza de aceite de oliva virgen extra

2 chorritos de vinagre de vino blanco

Sal gruesa y pimienta negra

Preparación

Mezclar todos los ingredientes del aderezo.

Combine con los ingredientes restantes y mezcle bien.

Ensalada de mezclum y champiñones Enoki

Ingredientes:

1 manojo de Meslcun, enjuagado y escurrido

15 champiñones enoki, en rodajas finas

1/4 cebolla blanca, pelada, cortada por la mitad a lo largo y en rodajas finas

1 pepino grande, cortado por la mitad a lo largo y en rodajas finas

vendaje

¼ de taza de aceite de oliva virgen extra

2 chorritos de vinagre de vino blanco

Sal gruesa y pimienta negra

Preparación

Mezclar todos los ingredientes del aderezo.

Combine con los ingredientes restantes y mezcle bien.

Ensalada de lechuga romana y pepino

Ingredientes:

1 manojo de lechuga romana, enjuagada y escurrida

5 tomates ciruela medianos, cortados por la mitad a lo largo, sin semillas y en rodajas finas

1/4 cebolla blanca, pelada, cortada por la mitad a lo largo y en rodajas finas

1 pepino grande, cortado por la mitad a lo largo y en rodajas finas

vendaje

¼ de taza de aceite de oliva virgen extra

2 CUCHARADAS. Vinagre de sidra de manzana

Sal gruesa y pimienta negra

Preparación

Mezclar todos los ingredientes del aderezo.

Combine con los ingredientes restantes y mezcle bien.

Ensalada de col rizada, espinacas y calabacín

Ingredientes:

1 manojo de col rizada, enjuagada y escurrida

1 manojo de espinacas, lavadas y escurridas

1/4 cebolla blanca, pelada, cortada por la mitad a lo largo y en rodajas finas

1 calabacín grande, partido por la mitad a lo largo, cortado en rodajas finas y blanqueado

vendaje

¼ de taza de aceite de oliva virgen extra

2 chorritos de vinagre de vino blanco

Sal gruesa y pimienta negra

Preparación

Mezclar todos los ingredientes del aderezo.

Combine con los ingredientes restantes y mezcle bien.

Ensalada de alcachofas, col rizada y champiñones Enoki Sala

Ingredientes:

1 alcachofa, enjuagada y escurrida

1 manojo de col rizada, enjuagada y escurrida

15 champiñones enoki, en rodajas finas

1/4 cebolla blanca, pelada, cortada por la mitad a lo largo y en rodajas finas

1 pepino grande, cortado por la mitad a lo largo y en rodajas finas

vendaje

¼ de taza de aceite de oliva virgen extra

2 chorritos de vinagre de vino blanco

Sal gruesa y pimienta negra

Preparación

Mezclar todos los ingredientes del aderezo.

Combine con los ingredientes restantes y mezcle bien.

Ensalada de escarola y alcachofas

Ingredientes:

1 manojo de escarola, enjuagada y escurrida

1 alcachofa, enjuagada y escurrida

1 pepino grande, cortado por la mitad a lo largo y en rodajas finas

vendaje

¼ de taza de aceite de oliva virgen extra

2 chorritos de vinagre de vino blanco

Sal gruesa y pimienta negra

Preparación

Mezclar todos los ingredientes del aderezo.

Combine con los ingredientes restantes y mezcle bien.

Ensalada de escarola y calabacín

Ingredientes:

1 manojo de lechuga romana, enjuagada y escurrida

1 manojo de escarola, enjuagada y escurrida

1 calabacín grande, partido por la mitad a lo largo, cortado en rodajas finas y blanqueado

vendaje

¼ de taza de aceite de oliva virgen extra

2 chorritos de vinagre de vino blanco

Sal gruesa y pimienta negra

Preparación

Mezclar todos los ingredientes del aderezo.

Combine con los ingredientes restantes y mezcle bien.

Ensalada de mezclum y lechuga romana

Ingredientes:

1 manojo de Meslcun, enjuagado y escurrido

1 manojo de lechuga romana, enjuagada y escurrida

1/4 cebolla blanca, pelada, cortada por la mitad a lo largo y en rodajas finas

1 pepino grande, cortado por la mitad a lo largo y en rodajas finas

vendaje

¼ de taza de aceite de oliva virgen extra

2 CUCHARADAS. Vinagre de sidra de manzana

Sal gruesa y pimienta negra

Preparación

Mezclar todos los ingredientes del aderezo.

Combine con los ingredientes restantes y mezcle bien.

Ensalada de verduras mixtas y tomatillo

Ingredientes:
1 manojo de Meslcun, enjuagado y escurrido

1 manojo de lechuga romana, enjuagada y escurrida

10 tomatillos, cortados por la mitad a lo largo, sin semillas y en rodajas finas

1/4 cebolla blanca, pelada, cortada por la mitad a lo largo y en rodajas finas

1 calabacín grande, partido por la mitad a lo largo, cortado en rodajas finas y blanqueado

vendaje
¼ de taza de aceite de oliva virgen extra

2 chorritos de vinagre de vino blanco

Sal gruesa y pimienta negra

Preparación
Mezclar todos los ingredientes del aderezo.

Combine con los ingredientes restantes y mezcle bien.

Lechuga romana y escarola

Ingredientes:

1 manojo de lechuga romana, enjuagada y escurrida

1 manojo de escarola, enjuagada y escurrida

5 tomates ciruela medianos, cortados por la mitad a lo largo, sin semillas y en rodajas finas

1/4 cebolla blanca, pelada, cortada por la mitad a lo largo y en rodajas finas

1 pepino grande, cortado por la mitad a lo largo y en rodajas finas

vendaje

¼ de taza de aceite de oliva virgen extra

2 chorritos de vinagre de vino blanco

Sal gruesa y pimienta negra

Preparación

Mezclar todos los ingredientes del aderezo.

Combine con los ingredientes restantes y mezcle bien.

Ensalada de alcachofas y col rizada

Ingredientes:

1 alcachofa, enjuagada y escurrida

1 manojo de col rizada, enjuagada y escurrida

3 tomates tradicionales, cortados por la mitad a lo largo, sin semillas y en rodajas finas

1/4 cebolla blanca, pelada, cortada por la mitad a lo largo y en rodajas finas

1 pepino grande, cortado por la mitad a lo largo y en rodajas finas

vendaje

¼ de taza de aceite de oliva virgen extra

2 chorritos de vinagre de vino blanco

Sal gruesa y pimienta negra

Preparación

Mezclar todos los ingredientes del aderezo.

Combine con los ingredientes restantes y mezcle bien.

Ensalada de col rizada y espinacas

Ingredientes:
1 manojo de col rizada, enjuagada y escurrida

1 manojo de espinacas, lavadas y escurridas

15 champiñones enoki, en rodajas finas

1/4 cebolla blanca, pelada, cortada por la mitad a lo largo y en rodajas finas

1 pepino grande, cortado por la mitad a lo largo y en rodajas finas

vendaje
¼ de taza de aceite de oliva virgen extra

2 chorritos de vinagre de vino blanco

Sal gruesa y pimienta negra

Preparación
Mezclar todos los ingredientes del aderezo.

Combine con los ingredientes restantes y mezcle bien.

Ensalada de zanahoria, ciruela y tomate

Ingredientes:

1 taza de zanahorias pequeñas, picadas

5 tomates ciruela medianos, cortados por la mitad a lo largo, sin semillas y en rodajas finas

1/4 cebolla blanca, pelada, cortada por la mitad a lo largo y en rodajas finas

1 pepino grande, cortado por la mitad a lo largo y en rodajas finas

vendaje

¼ de taza de aceite de oliva virgen extra

2 CUCHARADAS. Vinagre de sidra de manzana

Sal gruesa y pimienta negra

Preparación

Mezclar todos los ingredientes del aderezo.

Combine con los ingredientes restantes y mezcle bien.

Ensalada de maíz y tomate ciruela

Ingredientes:

1 taza de maíz tierno (enlatado), escurrido

5 tomates ciruela medianos, cortados por la mitad a lo largo, sin semillas y en rodajas finas

1/4 cebolla blanca, pelada, cortada por la mitad a lo largo y en rodajas finas

1 calabacín grande, partido por la mitad a lo largo, cortado en rodajas finas y blanqueado

vendaje

¼ de taza de aceite de oliva virgen extra

2 chorritos de vinagre de vino blanco

Sal gruesa y pimienta negra

Preparación

Mezclar todos los ingredientes del aderezo.

Combine con los ingredientes restantes y mezcle bien.

Ensalada mixta de zanahorias verdes y baby

Ingredientes:

1 manojo de Meslcun, enjuagado y escurrido

1 taza de zanahorias pequeñas, picadas

1 pepino grande, cortado por la mitad a lo largo y en rodajas finas

vendaje

¼ de taza de aceite de oliva virgen extra

2 chorritos de vinagre de vino blanco

Sal gruesa y pimienta negra

Preparación

Mezclar todos los ingredientes del aderezo.

Combine con los ingredientes restantes y mezcle bien.

Ensalada de lechuga romana y maíz tierno

Ingredientes:

1 manojo de lechuga romana, enjuagada y escurrida

1 taza de maíz tierno (enlatado), escurrido

1 pepino grande, cortado por la mitad a lo largo y en rodajas finas

vendaje

¼ de taza de aceite de oliva virgen extra

2 chorritos de vinagre de vino blanco

Sal gruesa y pimienta negra

Preparación

Mezclar todos los ingredientes del aderezo.

Combine con los ingredientes restantes y mezcle bien.

Ensalada de maíz tierno y escarola

Ingredientes:
1 taza de maíz tierno (enlatado), escurrido

1 manojo de escarola, enjuagada y escurrida

1/4 cebolla blanca, pelada, cortada por la mitad a lo largo y en rodajas finas

1 calabacín grande, partido por la mitad a lo largo, cortado en rodajas finas y blanqueado

vendaje
¼ de taza de aceite de oliva virgen extra

2 CUCHARADAS. Vinagre de sidra de manzana

Sal gruesa y pimienta negra

Preparación
Mezclar todos los ingredientes del aderezo.

Combine con los ingredientes restantes y mezcle bien.

Ensalada de coliflor y tomatillo

Ingredientes:

9 floretes de coliflor, blanqueados y escurridos

10 tomatillos, cortados por la mitad a lo largo, sin semillas y en rodajas finas

1/4 cebolla blanca, pelada, cortada por la mitad a lo largo y en rodajas finas

1 pepino grande, cortado por la mitad a lo largo y en rodajas finas

vendaje

¼ de taza de aceite de oliva virgen extra

2 chorritos de vinagre de vino blanco

Sal gruesa y pimienta negra

Preparación

Mezclar todos los ingredientes del aderezo.

Combine con los ingredientes restantes y mezcle bien.

Ensalada de brócoli y tomatillo

Ingredientes:

8 floretes de brócoli, blanqueados y escurridos

10 tomatillos, cortados por la mitad a lo largo, sin semillas y en rodajas finas

1/4 cebolla blanca, pelada, cortada por la mitad a lo largo y en rodajas finas

1 pepino grande, cortado por la mitad a lo largo y en rodajas finas

vendaje

¼ de taza de aceite de oliva virgen extra

2 chorritos de vinagre de vino blanco

Sal gruesa y pimienta negra

Preparación

Mezclar todos los ingredientes del aderezo.

Combine con los ingredientes restantes y mezcle bien.

Ensalada de espinacas y coliflor

Ingredientes:

1 manojo de espinacas, lavadas y escurridas

9 floretes de coliflor, blanqueados y escurridos

1 calabacín grande, partido por la mitad a lo largo, cortado en rodajas finas y blanqueado

vendaje

¼ de taza de aceite de oliva virgen extra

2 chorritos de vinagre de vino blanco

Sal gruesa y pimienta negra

Preparación

Mezclar todos los ingredientes del aderezo.

Combine con los ingredientes restantes y mezcle bien.

Ensalada de col rizada y brócoli

Ingredientes:

1 manojo de col rizada, enjuagada y escurrida

8 floretes de brócoli, blanqueados y escurridos

1 pepino grande, cortado por la mitad a lo largo y en rodajas finas

vendaje

¼ de taza de aceite de oliva virgen extra

2 chorritos de vinagre de vino blanco

Sal gruesa y pimienta negra

Preparación

Mezclar todos los ingredientes del aderezo.

Combine con los ingredientes restantes y mezcle bien.

Ensalada de col rizada, espinacas y brócoli

Ingredientes:

1 manojo de col rizada, enjuagada y escurrida

8 floretes de brócoli, blanqueados y escurridos

1 manojo de espinacas, lavadas y escurridas

vendaje

¼ de taza de aceite de oliva virgen extra

2 chorritos de vinagre de vino blanco

Sal gruesa y pimienta negra

Preparación

Mezclar todos los ingredientes del aderezo.

Combine con los ingredientes restantes y mezcle bien.

Ensalada de alcachofas, col rizada y brócoli

Ingredientes:

1 alcachofa, enjuagada y escurrida

1 manojo de col rizada, enjuagada y escurrida

8 floretes de brócoli, blanqueados y escurridos

vendaje

¼ de taza de aceite de oliva virgen extra

2 chorritos de vinagre de vino blanco

Sal gruesa y pimienta negra

Preparación

Mezclar todos los ingredientes del aderezo.

Combine con los ingredientes restantes y mezcle bien.

Ensalada de maíz tierno y escarola

Ingredientes:

1 taza de maíz tierno (enlatado), escurrido

1 manojo de escarola, enjuagada y escurrida

1 alcachofa, enjuagada y escurrida

vendaje

¼ de taza de aceite de oliva virgen extra

2 CUCHARADAS. Vinagre de sidra de manzana

Sal gruesa y pimienta negra

Preparación

Mezclar todos los ingredientes del aderezo.

Combine con los ingredientes restantes y mezcle bien.

Ensalada mixta de zanahorias verdes y baby

Ingredientes:
1 manojo de Meslcun, enjuagado y escurrido

1 taza de zanahorias pequeñas, picadas

1 manojo de lechuga romana, enjuagada y escurrida

vendaje
¼ de taza de aceite de oliva virgen extra

2 chorritos de vinagre de vino blanco

Sal gruesa y pimienta negra

Preparación
Mezclar todos los ingredientes del aderezo.

Combine con los ingredientes restantes y mezcle bien.

Ensalada de tomatillo y maíz tierno

Ingredientes:

10 tomatillos, cortados por la mitad a lo largo, sin semillas y en rodajas finas

1 taza de maíz tierno (enlatado), escurrido

1 manojo de escarola, enjuagada y escurrida

1 alcachofa, enjuagada y escurrida

vendaje

¼ de taza de aceite de oliva virgen extra

2 chorritos de vinagre de vino blanco

Sal gruesa y pimienta negra

Preparación

Mezclar todos los ingredientes del aderezo.

Combine con los ingredientes restantes y mezcle bien.

Ensalada de enoki y maíz tierno

Ingredientes:

15 champiñones enoki, en rodajas finas

1 taza de maíz tierno (enlatado), escurrido

1 manojo de escarola, enjuagada y escurrida

1 alcachofa, enjuagada y escurrida

vendaje

¼ de taza de aceite de oliva virgen extra

2 CUCHARADAS. Vinagre de sidra de manzana

Sal gruesa y pimienta negra

Preparación

Mezclar todos los ingredientes del aderezo.

Combine con los ingredientes restantes y mezcle bien.

Ensalada de tomate tradicional, escarola y alcachofas

Ingredientes:
3 tomates tradicionales, cortados por la mitad a lo largo, sin semillas y en rodajas finas

1 manojo de escarola, enjuagada y escurrida

1 alcachofa, enjuagada y escurrida

1 manojo de col rizada, enjuagada y escurrida

vendaje
¼ de taza de aceite de oliva virgen extra

2 chorritos de vinagre de vino blanco

Sal gruesa y pimienta negra

Preparación
Mezclar todos los ingredientes del aderezo.

Combine con los ingredientes restantes y mezcle bien.

Ensalada de col rizada, ciruela, tomate y cebolla

Ingredientes:

1 manojo de col rizada, enjuagada y escurrida

5 tomates ciruela medianos, cortados por la mitad a lo largo, sin semillas y en rodajas finas

1/4 cebolla blanca, pelada, cortada por la mitad a lo largo y en rodajas finas

1 pepino grande, cortado por la mitad a lo largo y en rodajas finas

vendaje

¼ de taza de aceite de oliva virgen extra

2 chorritos de vinagre de vino blanco

Sal gruesa y pimienta negra

Preparación

Mezclar todos los ingredientes del aderezo.

Combine con los ingredientes restantes y mezcle bien.

Ensalada de espinacas, ciruelas, tomate y cebolla

Ingredientes:

1 manojo de espinacas, enjuagadas y escurridas

5 tomates ciruela medianos, cortados por la mitad a lo largo, sin semillas y en rodajas finas

1/4 cebolla blanca, pelada, cortada por la mitad a lo largo y en rodajas finas

1 pepino grande, cortado por la mitad a lo largo y en rodajas finas

vendaje

¼ de taza de aceite de oliva virgen extra

2 chorritos de vinagre de vino blanco

Sal gruesa y pimienta negra

Preparación

Mezclar todos los ingredientes del aderezo.

Combine con los ingredientes restantes y mezcle bien.

Ensalada de berros y calabacines

Ingredientes:

1 manojo de berros, enjuagados y escurridos

5 tomates ciruela medianos, cortados por la mitad a lo largo, sin semillas y en rodajas finas

1/4 cebolla blanca, pelada, cortada por la mitad a lo largo y en rodajas finas

1 calabacín grande, partido por la mitad a lo largo, cortado en rodajas finas y blanqueado

vendaje

¼ de taza de aceite de oliva virgen extra

2 CUCHARADAS. Vinagre de sidra de manzana

Sal gruesa y pimienta negra

Preparación

Mezclar todos los ingredientes del aderezo.

Combine con los ingredientes restantes y mezcle bien.

Ensalada de mango, tomate y pepino

Ingredientes:

1 taza de mangos cortados en cubitos

5 tomates ciruela medianos, cortados por la mitad a lo largo, sin semillas y en rodajas finas

1/4 cebolla blanca, pelada, cortada por la mitad a lo largo y en rodajas finas

1 pepino grande, cortado por la mitad a lo largo y en rodajas finas

vendaje

¼ de taza de aceite de oliva virgen extra

2 chorritos de vinagre de vino blanco

Sal gruesa y pimienta negra

Preparación

Mezclar todos los ingredientes del aderezo.

Combine con los ingredientes restantes y mezcle bien.

Ensalada de melocotón, tomate y cebolla

Ingredientes:

1 taza de duraznos cortados en cubitos

5 tomates medianos, cortados por la mitad a lo largo, sin semillas y en rodajas finas

1/4 cebolla blanca, pelada, cortada por la mitad a lo largo y en rodajas finas

1 pepino grande, cortado por la mitad a lo largo y en rodajas finas

vendaje

¼ de taza de aceite de oliva virgen extra

2 chorritos de vinagre de vino blanco

Sal gruesa y pimienta negra

Preparación

Mezclar todos los ingredientes del aderezo.

Combine con los ingredientes restantes y mezcle bien.

Tomatillo de uvas negras y cebolla blanca

Ingredientes:
12 piezas de uvas negras

10 tomatillos, cortados por la mitad a lo largo, sin semillas y en rodajas finas

1/4 cebolla blanca, pelada, cortada por la mitad a lo largo y en rodajas finas

1 pepino grande, cortado por la mitad a lo largo y en rodajas finas

vendaje
¼ de taza de aceite de oliva virgen extra

2 chorritos de vinagre de vino blanco

Sal gruesa y pimienta negra

Preparación
Mezclar todos los ingredientes del aderezo.

Combine con los ingredientes restantes y mezcle bien.

Ensalada de tomate con uvas rojas y sala de calabacín

Ingredientes:

10 piezas de uvas rojas

3 tomates tradicionales, cortados por la mitad a lo largo, sin semillas y en rodajas finas

1/4 cebolla blanca, pelada, cortada por la mitad a lo largo y en rodajas finas

1 calabacín grande, partido por la mitad a lo largo, cortado en rodajas finas y blanqueado

vendaje

¼ de taza de aceite de oliva virgen extra

2 chorritos de vinagre de vino blanco

Sal gruesa y pimienta negra

Preparación

Mezclar todos los ingredientes del aderezo.

Combine con los ingredientes restantes y mezcle bien.

Ensalada de lombarda, ciruela, tomate y cebolla

Ingredientes:

1/2 col lombarda mediana, en rodajas finas

5 tomates ciruela medianos, cortados por la mitad a lo largo, sin semillas y en rodajas finas

1/4 cebolla blanca, pelada, cortada por la mitad a lo largo y en rodajas finas

1 pepino grande, cortado por la mitad a lo largo y en rodajas finas

vendaje

¼ de taza de aceite de oliva virgen extra

2 CUCHARADAS. Vinagre de sidra de manzana

Sal gruesa y pimienta negra

Preparación

Mezclar todos los ingredientes del aderezo.

Combine con los ingredientes restantes y mezcle bien.

Ensalada de col napa, ciruela, tomate y pepino

Ingredientes:

1/2 repollo Napa mediano, en rodajas finas

5 tomates ciruela medianos, cortados por la mitad a lo largo, sin semillas y en rodajas finas

1/4 cebolla blanca, pelada, cortada por la mitad a lo largo y en rodajas finas

1 pepino grande, cortado por la mitad a lo largo y en rodajas finas

vendaje

¼ de taza de aceite de oliva virgen extra

2 CUCHARADAS. Vinagre de sidra de manzana

Sal gruesa y pimienta negra

Preparación

Mezclar todos los ingredientes del aderezo.

Combine con los ingredientes restantes y mezcle bien.

Ensalada de col roja y napa

Ingredientes:
1/2 col lombarda mediana, en rodajas finas

1/2 repollo Napa mediano, en rodajas finas

1/4 cebolla blanca, pelada, cortada por la mitad a lo largo y en rodajas finas

1 calabacín grande, partido por la mitad a lo largo, cortado en rodajas finas y blanqueado

vendaje
¼ de taza de aceite de oliva virgen extra

2 chorritos de vinagre de vino blanco

Sal gruesa y pimienta negra

Preparación
Mezclar todos los ingredientes del aderezo.

Combine con los ingredientes restantes y mezcle bien.

Ensalada de uvas negras y rojas

Ingredientes:

12 piezas de uvas negras

10 piezas de uvas rojas

1/4 cebolla blanca, pelada, cortada por la mitad a lo largo y en rodajas finas

1 pepino grande, cortado por la mitad a lo largo y en rodajas finas

vendaje

¼ de taza de aceite de oliva virgen extra

2 chorritos de vinagre de vino blanco

Sal gruesa y pimienta negra

Preparación

Mezclar todos los ingredientes del aderezo.

Combine con los ingredientes restantes y mezcle bien.

Ensalada de mango, melocotón y pepino

Ingredientes:
1 taza de mangos cortados en cubitos

1 taza de duraznos cortados en cubitos

1/4 cebolla blanca, pelada, cortada por la mitad a lo largo y en rodajas finas

1 pepino grande, cortado por la mitad a lo largo y en rodajas finas

vendaje
¼ de taza de aceite de oliva virgen extra

2 chorritos de vinagre de vino blanco

Sal gruesa y pimienta negra

Preparación
Mezclar todos los ingredientes del aderezo.

Combine con los ingredientes restantes y mezcle bien.

Ensalada De Berros, Champiñones Enoki Y Calabacín

Ingredientes:

1 manojo de berros, enjuagados y escurridos

15 champiñones enoki, en rodajas finas

1/4 cebolla blanca, pelada, cortada por la mitad a lo largo y en rodajas finas

1 calabacín grande, partido por la mitad a lo largo, cortado en rodajas finas y blanqueado

vendaje

¼ de taza de aceite de oliva virgen extra

2 chorritos de vinagre de vino blanco

Sal gruesa y pimienta negra

Preparación

Mezclar todos los ingredientes del aderezo.

Combine con los ingredientes restantes y mezcle bien.

Ensalada de col rizada, espinacas y pepino

Ingredientes:

1 manojo de col rizada, enjuagada y escurrida

1 manojo de espinacas, enjuagadas y escurridas

1/4 cebolla blanca, pelada, cortada por la mitad a lo largo y en rodajas finas

1 pepino grande, cortado por la mitad a lo largo y en rodajas finas

vendaje

¼ de taza de aceite de oliva virgen extra

2 CUCHARADAS. Vinagre de sidra de manzana

Sal gruesa y pimienta negra

Preparación

Mezclar todos los ingredientes del aderezo.

Combine con los ingredientes restantes y mezcle bien.

Ensalada de col rizada, tomate y calabacín

Ingredientes:

1 manojo de col rizada, enjuagada y escurrida

5 tomates ciruela medianos, cortados por la mitad a lo largo, sin semillas y en rodajas finas

1/4 cebolla blanca, pelada, cortada por la mitad a lo largo y en rodajas finas

1 calabacín grande, partido por la mitad a lo largo, cortado en rodajas finas y blanqueado

vendaje

¼ de taza de aceite de oliva virgen extra

2 chorritos de vinagre de vino blanco

Sal gruesa y pimienta negra

Preparación

Mezclar todos los ingredientes del aderezo.

Combine con los ingredientes restantes y mezcle bien.

Ensalada de espinacas, ciruelas, tomate y pepino

Ingredientes:

1 manojo de espinacas, enjuagadas y escurridas

5 tomates ciruela medianos, cortados por la mitad a lo largo, sin semillas y en rodajas finas

1/4 cebolla blanca, pelada, cortada por la mitad a lo largo y en rodajas finas

1 pepino grande, cortado por la mitad a lo largo y en rodajas finas

vendaje

¼ de taza de aceite de oliva virgen extra

2 CUCHARADAS. Vinagre de sidra de manzana

Sal gruesa y pimienta negra

Preparación

Mezclar todos los ingredientes del aderezo.

Combine con los ingredientes restantes y mezcle bien.

Ensalada de berros, tomatillo y pepino

Ingredientes:

1 manojo de berros, enjuagados y escurridos

10 tomatillos, cortados por la mitad a lo largo, sin semillas y en rodajas finas

1/4 cebolla blanca, pelada, cortada por la mitad a lo largo y en rodajas finas

1 pepino grande, cortado por la mitad a lo largo y en rodajas finas

vendaje

¼ de taza de aceite de oliva virgen extra

2 chorritos de vinagre de vino blanco

Sal gruesa y pimienta negra

Preparación

Mezclar todos los ingredientes del aderezo.

Combine con los ingredientes restantes y mezcle bien.

Ensalada tradicional de mangos, tomates y pepinos

Ingredientes:

1 taza de mangos cortados en cubitos

3 tomates tradicionales, cortados por la mitad a lo largo, sin semillas y en rodajas finas

1/4 cebolla blanca, pelada, cortada por la mitad a lo largo y en rodajas finas

1 pepino grande, cortado por la mitad a lo largo y en rodajas finas

vendaje

¼ de taza de aceite de oliva virgen extra

2 chorritos de vinagre de vino blanco

Sal gruesa y pimienta negra

Preparación

Mezclar todos los ingredientes del aderezo.

Combine con los ingredientes restantes y mezcle bien.

Ensalada de melocotones y tomates

Ingredientes:

1 taza de duraznos cortados en cubitos

5 tomates medianos, cortados por la mitad a lo largo, sin semillas y en rodajas finas

1/4 cebolla blanca, pelada, cortada por la mitad a lo largo y en rodajas finas

1 pepino grande, cortado por la mitad a lo largo y en rodajas finas

vendaje

¼ de taza de aceite de oliva virgen extra

2 CUCHARADAS. Vinagre de sidra de manzana

Sal gruesa y pimienta negra

Preparación

Mezclar todos los ingredientes del aderezo.

Combine con los ingredientes restantes y mezcle bien.

Ensalada de tomate con uvas negras y ciruelas

Ingredientes:

12 piezas de uvas negras

5 tomates ciruela medianos, cortados por la mitad a lo largo, sin semillas y en rodajas finas

1/4 cebolla blanca, pelada, cortada por la mitad a lo largo y en rodajas finas

1 pepino grande, cortado por la mitad a lo largo y en rodajas finas

vendaje

¼ de taza de aceite de oliva virgen extra

2 chorritos de vinagre de vino blanco

Sal gruesa y pimienta negra

Preparación

Mezclar todos los ingredientes del aderezo.

Combine con los ingredientes restantes y mezcle bien.

Ensalada de uvas rojas y calabacín

Ingredientes:

10 piezas de uvas rojas

5 tomates ciruela medianos, cortados por la mitad a lo largo, sin semillas y en rodajas finas

1/4 cebolla blanca, pelada, cortada por la mitad a lo largo y en rodajas finas

1 calabacín grande, partido por la mitad a lo largo, cortado en rodajas finas y blanqueado

vendaje

¼ de taza de aceite de oliva virgen extra

2 chorritos de vinagre de vino blanco

Sal gruesa y pimienta negra

Preparación

Mezclar todos los ingredientes del aderezo.

Combine con los ingredientes restantes y mezcle bien.

Ensalada de lombarda y tomatillo

Ingredientes:

1/2 col lombarda mediana, en rodajas finas

10 tomatillos, cortados por la mitad a lo largo, sin semillas y en rodajas finas

1/4 cebolla blanca, pelada, cortada por la mitad a lo largo y en rodajas finas

1 pepino grande, cortado por la mitad a lo largo y en rodajas finas

vendaje

¼ de taza de aceite de oliva virgen extra

2 chorritos de vinagre de vino blanco

Sal gruesa y pimienta negra

Preparación

Mezclar todos los ingredientes del aderezo.

Combine con los ingredientes restantes y mezcle bien.

Ensalada De Pepino, Champiñones Enoki Y Col De Napa Cu

Ingredientes:

1/2 repollo Napa mediano, en rodajas finas

15 champiñones enoki, en rodajas finas

1/4 cebolla blanca, pelada, cortada por la mitad a lo largo y en rodajas finas

1 pepino grande, cortado por la mitad a lo largo y en rodajas finas

vendaje

¼ de taza de aceite de oliva virgen extra

2 CUCHARADAS. Vinagre de sidra de manzana

Sal gruesa y pimienta negra

Preparación

Mezclar todos los ingredientes del aderezo.

Combine con los ingredientes restantes y mezcle bien.

Ensalada de piña, tomate y pepino

Ingredientes:

1 taza de trozos de piña enlatada

5 tomates ciruela medianos, cortados por la mitad a lo largo, sin semillas y en rodajas finas

1/4 cebolla blanca, pelada, cortada por la mitad a lo largo y en rodajas finas

1 pepino grande, cortado por la mitad a lo largo y en rodajas finas

vendaje

¼ de taza de aceite de oliva virgen extra

2 chorritos de vinagre de vino blanco

Sal gruesa y pimienta negra

Preparación

Mezclar todos los ingredientes del aderezo.

Combine con los ingredientes restantes y mezcle bien.

Ensalada de manzana, ciruela, tomate y pepino

Ingredientes:

1 taza de manzanas Fuji cortadas en cubitos

5 tomates ciruela medianos, cortados por la mitad a lo largo, sin semillas y en rodajas finas

1/4 cebolla blanca, pelada, cortada por la mitad a lo largo y en rodajas finas

1 pepino grande, cortado por la mitad a lo largo y en rodajas finas

vendaje

¼ de taza de aceite de oliva virgen extra

2 chorritos de vinagre de vino blanco

Sal gruesa y pimienta negra

Preparación

Mezclar todos los ingredientes del aderezo.

Combine con los ingredientes restantes y mezcle bien.

Ensalada de tomates cherry y cebolla

Ingredientes:

1/4 taza de cerezas

3 tomates tradicionales, cortados por la mitad a lo largo, sin semillas y en rodajas finas

1/4 cebolla blanca, pelada, cortada por la mitad a lo largo y en rodajas finas

1 calabacín grande, partido por la mitad a lo largo, cortado en rodajas finas y blanqueado

vendaje

¼ de taza de aceite de oliva virgen extra

2 chorritos de vinagre de vino blanco

Sal gruesa y pimienta negra

Preparación

Mezclar todos los ingredientes del aderezo.

Combine con los ingredientes restantes y mezcle bien.

Ensalada de pepino y tomate

Ingredientes:

1/2 taza de pepinos

5 tomates medianos, cortados por la mitad a lo largo, sin semillas y en rodajas finas

1/4 cebolla blanca, pelada, cortada por la mitad a lo largo y en rodajas finas

1 pepino grande, cortado por la mitad a lo largo y en rodajas finas

vendaje

¼ de taza de aceite de oliva virgen extra

2 chorritos de vinagre de vino blanco

Sal gruesa y pimienta negra

Preparación

Mezclar todos los ingredientes del aderezo.

Combine con los ingredientes restantes y mezcle bien.

Ensalada de tomatillo y maíz

Ingredientes:

10 tomatillos, cortados por la mitad a lo largo, sin semillas y en rodajas finas

1/2 taza de maíz enlatado

1 pepino grande, cortado por la mitad a lo largo y en rodajas finas

vendaje

¼ de taza de aceite de oliva virgen extra

2 CUCHARADAS. Vinagre de sidra de manzana

Sal gruesa y pimienta negra

Preparación

Mezclar todos los ingredientes del aderezo.

Combine con los ingredientes restantes y mezcle bien.

Ensalada de alcachofas y pepinos

Ingredientes:

1/2 col lombarda mediana, en rodajas finas

1 taza de alcachofas enlatadas

1/2 repollo Napa mediano, en rodajas finas

1 pepino grande, cortado por la mitad a lo largo y en rodajas finas

vendaje

¼ de taza de aceite de oliva virgen extra

2 chorritos de vinagre de vino blanco

Sal gruesa y pimienta negra

Preparación

Mezclar todos los ingredientes del aderezo.

Combine con los ingredientes restantes y mezcle bien.

Ensalada de maíz, lombarda y alcachofas

Ingredientes:

1/2 taza de maíz enlatado

1/2 col lombarda mediana, en rodajas finas

1 taza de alcachofas enlatadas

1 pepino grande, cortado por la mitad a lo largo y en rodajas finas

vendaje

¼ de taza de aceite de oliva virgen extra

2 chorritos de vinagre de vino blanco

Sal gruesa y pimienta negra

Preparación

Mezclar todos los ingredientes del aderezo.

Combine con los ingredientes restantes y mezcle bien.

Encurtidos de uvas y ensalada de maíz

Ingredientes:

1/2 taza de pepinos

10 piezas de uvas rojas

1/2 taza de maíz enlatado

vendaje

¼ de taza de aceite de oliva virgen extra

2 chorritos de vinagre de vino blanco

Sal gruesa y pimienta negra

Preparación

Mezclar todos los ingredientes del aderezo.

Combine con los ingredientes restantes y mezcle bien.

Ensalada de melocotón, cereza y uva negra

Ingredientes:

1 taza de duraznos cortados en cubitos

1/4 taza de cerezas

12 piezas de uvas negras

1/4 cebolla blanca, pelada, cortada por la mitad a lo largo y en rodajas finas

1 pepino grande, cortado por la mitad a lo largo y en rodajas finas

vendaje

¼ de taza de aceite de oliva virgen extra

2 CUCHARADAS. Vinagre de sidra de manzana

Sal gruesa y pimienta negra

Preparación

Mezclar todos los ingredientes del aderezo.

Combine con los ingredientes restantes y mezcle bien.

Ensalada de piña, mango y manzana

Ingredientes:

1 taza de trozos de piña enlatada

1 taza de mangos cortados en cubitos

1 taza de manzanas Fuji cortadas en cubitos

1 calabacín grande, partido por la mitad a lo largo, cortado en rodajas finas y blanqueado

vendaje

¼ de taza de aceite de oliva virgen extra

2 chorritos de vinagre de vino blanco

Sal gruesa y pimienta negra

Preparación

Mezclar todos los ingredientes del aderezo.

Combine con los ingredientes restantes y mezcle bien.

Ensalada fuente de col rizada y espinacas

Ingredientes:

1 manojo de col rizada, enjuagada y escurrida

1 manojo de espinacas, enjuagadas y escurridas

1 manojo de berros, enjuagados y escurridos

vendaje

¼ de taza de aceite de oliva virgen extra

2 chorritos de vinagre de vino blanco

Sal gruesa y pimienta negra

Preparación

Mezclar todos los ingredientes del aderezo.

Combine con los ingredientes restantes y mezcle bien.

Ensalada de berros, piña y mango

Ingredientes:

1 manojo de berros, enjuagados y escurridos

1 taza de trozos de piña enlatada

1 taza de mangos cortados en cubitos

vendaje

¼ de taza de aceite de oliva virgen extra

2 CUCHARADAS. Vinagre de sidra de manzana

Sal gruesa y pimienta negra

Preparación

Mezclar todos los ingredientes del aderezo.

Combine con los ingredientes restantes y mezcle bien.

Ensalada de tomate, manzana y melocotón

Ingredientes:

5 tomates medianos, cortados por la mitad a lo largo, sin semillas y en rodajas finas

1 taza de manzanas Fuji cortadas en cubitos

1 taza de duraznos cortados en cubitos

1/4 taza de cerezas

vendaje

¼ de taza de aceite de oliva virgen extra

2 chorritos de vinagre de vino blanco

Sal gruesa y pimienta negra

Preparación

Mezclar todos los ingredientes del aderezo.

Combine con los ingredientes restantes y mezcle bien.

Ensalada de col lombarda, maíz y champiñones Enoki

Ingredientes:

15 champiñones enoki, en rodajas finas

1/2 taza de maíz enlatado

1/2 col lombarda mediana, en rodajas finas

1 taza de alcachofas enlatadas

vendaje

¼ de taza de aceite de oliva virgen extra

2 chorritos de vinagre de vino blanco

Sal gruesa y pimienta negra

Preparación

Mezclar todos los ingredientes del aderezo.

Combine con los ingredientes restantes y mezcle bien.

Ensalada de tomatillos y manzana

Ingredientes:

10 tomatillos, cortados por la mitad a lo largo, sin semillas y en rodajas finas

1 taza de manzanas Fuji cortadas en cubitos

1 taza de duraznos cortados en cubitos

vendaje

¼ de taza de aceite de oliva virgen extra

2 CUCHARADAS. Vinagre de sidra de manzana

Sal gruesa y pimienta negra

Preparación

Mezclar todos los ingredientes del aderezo.

Combine con los ingredientes restantes y mezcle bien.

Encurtidos de tomate y ensalada de uvas

Ingredientes:
3 tomates tradicionales, cortados por la mitad a lo largo, sin semillas y en rodajas finas

1/2 taza de pepinos

10 piezas de uvas rojas

1/2 taza de maíz enlatado

vendaje
¼ de taza de aceite de oliva virgen extra

2 chorritos de vinagre de vino blanco

Sal gruesa y pimienta negra

Preparación
Mezclar todos los ingredientes del aderezo.

Combine con los ingredientes restantes y mezcle bien.

Ensalada de lombarda, alcachofas y pepino

Ingredientes:

1/2 col lombarda mediana, en rodajas finas

1 taza de alcachofas enlatadas

1 pepino grande, cortado por la mitad a lo largo y en rodajas finas

vendaje

¼ de taza de aceite de oliva virgen extra

2 chorritos de vinagre de vino blanco

Sal gruesa y pimienta negra

Preparación

Mezclar todos los ingredientes del aderezo.

Combine con los ingredientes restantes y mezcle bien.

Ensalada de piña, mango, manzana y pepino

Ingredientes:
1 taza de trozos de piña enlatada

1 taza de mangos cortados en cubitos

1 taza de manzanas Fuji picadas

1 pepino grande, cortado por la mitad a lo largo y en rodajas finas

vendaje
¼ de taza de aceite de oliva virgen extra

2 chorritos de vinagre de vino blanco

Sal gruesa y pimienta negra

Preparación
Mezclar todos los ingredientes del aderezo.

Combine con los ingredientes restantes y mezcle bien.

Ensalada De Alcachofas, Repollo Napa Y Pepino

Ingredientes:

1 taza de alcachofas enlatadas

1/2 repollo Napa mediano, en rodajas finas

1 pepino grande, cortado por la mitad a lo largo y en rodajas finas

vendaje

¼ de taza de aceite de oliva virgen extra

2 chorritos de vinagre de vino blanco

Sal gruesa y pimienta negra

Preparación

Mezclar todos los ingredientes del aderezo.

Combine con los ingredientes restantes y mezcle bien.

Ensalada de tomate, repollo y zanahoria

Ingredientes:

3 tomates tradicionales, cortados por la mitad a lo largo, sin semillas y en rodajas finas

1/2 repollo Napa mediano, en rodajas finas

5 zanahorias pequeñas

vendaje

¼ de taza de aceite de oliva virgen extra

2 chorritos de vinagre de vino blanco

Sal gruesa y pimienta negra

Preparación

Mezclar todos los ingredientes del aderezo.

Combine con los ingredientes restantes y mezcle bien.

Ensalada de col napa, zanahoria y pepino

Ingredientes:

1/2 repollo Napa mediano, en rodajas finas

5 zanahorias pequeñas

1 pepino grande, cortado por la mitad a lo largo y en rodajas finas

vendaje

¼ de taza de aceite de oliva virgen extra

2 CUCHARADAS. Vinagre de sidra de manzana

Sal gruesa y pimienta negra

Preparación

Mezclar todos los ingredientes del aderezo.

Combine con los ingredientes restantes y mezcle bien.

Ensalada de coliflor y tomate a la plancha

Ingredientes:
5 floretes de coliflor

5 piezas de coles de Bruselas

4 tomates grandes, en rodajas gruesas

¼ de taza de aceite de oliva virgen extra

Ingredientes del aderezo

6 cucharadas aceite de oliva

1 cucharadita. Polvo de ajo

Sal marina al gusto

3 cucharadas. vinagre blanco destilado

1 cucharadita. mayonesa sin huevo

Preparación
Precalienta la parrilla a fuego medio.

Unte las verduras con ¼ de taza de aceite.

Cocinar

Espolvoree con sal y pimienta y cocine a la parrilla durante 4 minutos. por página.

Voltee una vez para que las verduras queden marcas de parrilla.

Mezclar todos los ingredientes del aderezo.

Rocíe sobre las verduras.

Ensalada de col rizada y judías verdes a la parrilla

Ingredientes:

8 piezas de judías verdes

1 manojo de col rizada, enjuagada y escurrida

¼ de taza de aceite de oliva virgen extra

vendaje

2 CUCHARADAS. aceite de nuez de macadamia

Condimento para carne, McCormick

3 cucharadas. Jerez seco

1 CUCHARADA. tomillo seco

Preparación

Precalienta la parrilla a fuego medio.

Unte las verduras con ¼ de taza de aceite.

Cocinar

Espolvoree con sal y pimienta y cocine a la parrilla durante 4 minutos. por página.

Voltee una vez para que las verduras queden marcas de parrilla.

Mezclar todos los ingredientes del aderezo.

Rocíe sobre las verduras.

Ensalada de judías verdes asadas y coliflor

Ingredientes:

8 piezas de judías verdes

7 floretes de brócoli

12 onzas de berenjena (aproximadamente 12 onzas en total), cortadas a lo largo en rectángulos de 1/2 pulgada de grosor

4 tomates grandes, en rodajas gruesas

5 floretes de coliflor

¼ de taza de aceite de nuez de macadamia

Ingredientes del aderezo

6 cucharadas Aceite de oliva virgen extra

Sal marina al gusto

3 cucharadas. Vinagre de sidra de manzana

1 CUCHARADA. Miel

1 cucharadita. mayonesa sin huevo

Preparación

Precalienta la parrilla a fuego medio.

Unte las verduras con ¼ de taza de aceite.

Cocinar

Espolvoree con sal y pimienta y cocine a la parrilla durante 4 minutos. por página.

Voltee una vez para que las verduras queden marcas de parrilla.

Mezclar todos los ingredientes del aderezo.

Rocíe sobre las verduras.

www.ingramcontent.com/pod-product-compliance
Lightning Source LLC
Chambersburg PA
CBHW071829110526
44591CB00011B/1275